기적의 학습 멘탈 수업

10대의 공부 엔진에 불을 지피는
단단한 학습 멘탈 만들기

기적의
학습
멘탈
수업

현용찬 지음 | 정동완 기획

빅퀘스천

길을 밝히는 이정표이자 인생의 견고한 토대

한때 저는 대다수의 중학생들이 그러하듯, 학습 자체에 대한 강한 반감과 동시에 패배하기 싫은 오기 사이에서 혼란스러운 시간을 보냈습니다. '나는 왜 공부해야 하는가?', '이 노력이 과연 나에게 필요한 과정인가?'와 같은 근원적인 질문들 앞에서, 어떤 방향으로 나아가야 할지 전혀 갈피를 잡지 못하는 채 방황하고 있었습니다.

하지만 이 책의 저자인 현용찬 박사님을 만나게 되면서 저의 시야는 완전히 달라졌습니다. 현용찬 박사님의 학습 지도는 단순히 '어떻게 공부할 것인가?'를 넘어, '나는 어떤 사람이며', '내가 꿈꾸는 미래에 이 학습이 왜 필요한가?', 그리고 학습이 필요하다면 '나에게 최적화된 학습 전략은 무엇인가?'에 대한 근본적인 해답을 제시해주었습니다. 그것은 단순한 공부법이 아닌, 저 자신의 정체성을 이해하고 미래를 설계하는 과정이었습니다. 특히, 책 속에 담긴 다양한 학습 유형 분석은 스스로를 이해하는 강력한 도구가 되어주었고, 제가 앞으로 나아가야 할 방향을 명확히 제시하는 나침반이 되어주었습니다.

성인이 된 지금 사회생활 속에서 수많은 도전과 새로운 역할들을 마주하고 있습니다. 그때마다 저는 이 책을 통해 얻었던 '학습 유형'에 대한 이해와 '나다움'을 기반으로 한 접근 방식이 얼마나 큰 힘이 되는지 실감합니다. 단순히 학업 성과를 넘어, 개인의 성장은 물론 제가 하는 모든 일에서 끊임없이 긍정적인 영향을 미치고 있습니다. 학창 시절의 그 귀한 깨달음은 지금의 저를 더욱 단단하게 만들었고, 제 삶에서 가장 강력한 성장의 원동력으로 깊이 자리 잡았음을 확신합니다.

학습 멘탈과 학습법에 대한 현용찬 박사님의 그간의 연구와 경험을 담은 이 책 《기적의 학습 멘탈 수업》은 단지 학습에 어려움을 겪는 학생들뿐만 아니라, 자신의 존재 의미와 학습의 필요성에 대해 고민하는 모든 이들에게 특별한 의미를 지닙니다. 이 책을 통해 자신을 깊이 이해하고, 타고난 성향과 잠재력을 파악하는 중요한 계기를 마련할 수 있을 것입니다.

그렇기에 이 책이 단순한 학습 가이드를 넘어, 독자 분들에게 스스로를 완성해나가는 과정에서 더없이 풍부한 밑거름이자 인생의 견고한 토대가 되어주기를 진심으로 바랍니다.

김미리●

성공하는 공부의 출발점은 무엇인가?

모두가 열심히 하라고 하지만, 아이들에게 공부라는 길은 낯설고 외롭기만 합니다. "왜 나는 자꾸만 마음이 흔들려 무릎을 꿇는가?"라고 묻는 아이의 슬픈 그림자 앞에서 부모는 그저 '의지 부족'이라는 차가운 돌만 던졌던 것은 아닌가 되돌아보게 됩니다.

《기적의 학습 멘탈 수업》은 이런 마음의 문제를 '의지 부족'이 아니라 학습 멘탈의 흔들림으로 바라봅니다. 저자는 수많은 학생을 만나며 공부를 가로막는 진짜 원인은 머리가 아니라 마음의 불안, 자존감의 흔들림, 미루는 습관이라고 말합니다. 이 책은 아

● 이 책에 등장하는 실제 인물입니다. 중학교 때까지 멋 부리기에 관심이 많다가 현용찬 박사님을 만나 공부의 재미를 알게 되고 유학까지 다녀와 현재 창업을 준비 중입니다.

기적의 학습 멘탈 수업

이들의 그 마음을 이해하고 회복시키는 실질적인 방법도 제시합니다. 공부의 출발점은 '더 많이 하는 것'이 아니라 '내 마음을 이해하는 것'이며, 자신을 알아가는 과정이 공부의 길을 찾아가는 과정이라 말합니다. 또 성격 유형과 마음 필터를 통해 '나'와 '환경', 그리고 '방법'을 스스로 발견하도록 돕습니다. 이 과정을 거치면서 공부는 더 이상 부담이 아니라 성장의 과정이 됩니다. 이처럼 이 책은 위로가 아닌 구체적인 실천 지침을 제공합니다. 불안과 완벽주의를 다루는 심리 전략, 목표를 정리하는 '나만의 보물 지도 노트' 작성법은, 특히 이 책의 정수로 보입니다.

공부의 힘은 머리에서 오는 것만이 아님을 우리 모두는 잘 알고 있습니다. 그 힘은 슬픔과 불안 속에서도 피어나고, 아이들의 맑고 단단한 마음에서 자란다고 믿습니다. 《기적의 학습 멘탈 수업》은 그림자가 드리워진 아이들의 길을 비춰주는 등불이자, 외로운 아이의 손을 잡아주는 따뜻한 손길이 되어줄 것입니다.

손기광(문학박사, 인문학영재연구소 사의제 대표)

공부에 임하는 마음가짐의 힘

수년간 교실에서 아이들을 지도하며 깨달은 사실은, 학생들이 시험 점수나 교과 내용 때문에 힘들어하는 것이 아니라, '학습에 임하는 마음가짐', 즉 학습 멘탈 때문에 고군분투한다는 것입니다. 《기적의 학습 멘탈 수업》은 바로 그 핵심을 꿰뚫어보고, 학생들이 막연한 부담감에서 벗어나 스스로 공부 엔진에 불을 지피도록 돕는 보석 같은 안내서입니다.

이 책은 단순히 공부 기술을 가르치는 대신, '나를 아는 것'에서부터 학습의 진정한 동기를 찾도록 이끄는 여정으로 시작합니다. 자신의 내면에 숨겨진 보물과 목표, 세상을 보는 나만의 필터를 이해할 때, 학생들은 비로소 내 공부의 주인이 됩니다. 가장 실용적인 부분은 단단한 학습 멘탈을 구축하는 구체적인 전략을 제시한다는 점입니다. '할 수 있다'는 믿음을 심고, 불안과 스트레스를 다스리는 법, 학습 동기를 충전하는 비밀, 미루는 습관 버리기, 딴생각을 잠재우고 집중력을 켜는 기술 등 교실 현장에서 제가 늘 필요로 했던 실질적인 조언들로 가득 차 있습니다.

학생 여러분, 공부가 힘들고 막막하게 느껴진다면, 이 책을 통해 여러분 마음속에 숨어 있는 '공부 엔진'을 발견하고 점화시킬 힘을 얻게 될 것입니다. 학부모님과 선생님들께, 이 책은 아이의 성적표 뒤에 가려져 있던 아이의 마음을 이해하고, 스스로 성장하도록 돕는 든든한 지원군이 될 수 있는 지침서가 되어줄 것입니다. 《기적의 학습 멘탈 수업》을 모든 학생, 학부모님, 선생님들께 강력히 추천합니다.

김미래(서울 광희중학교 영어교사)

흔들려도 괜찮아, 마음이 공부를 이끈다면

20년간 사교육 현장에서 아이들과 책으로 마음을 단단히 하는 법을 익혀온 독서·논술 교육 전문가이자 학습역량코칭 지도사, 그리고 고등학생 자녀를 둔 학부모로서 《기적의 학습 멘탈 수업》의 출간이 정말 반갑습니다.

제가 현장에서 확인한 것은 성적의 문제가 아니라 아이들 마음의 흔들림이 먼저라는 사실입니다. 이 책은 공부를 가로막는 진짜 원인이 '학습 멘탈'의 흔들림임을 또렷이 짚고, 공부의 힘이 머리가 아니라 단단한 마음에서 나온다고 말합니다. 부모와 아이의 성격·행동의 유사성과 차이가 학습 행동에 미치는 파장을 보여주는 대목에서는 중학생 제자들의 고민 상담에서 느껴온 '관계가 곧 학습 환경'이라는 진리를 다시 한 번 확인했습니다. 특히, 서로의 다름을 인정하려는 작은 용기가 관계의 벽을 허물고 공부의 동력을 키운다는 메시지가 부모님들께 강하게 울리길 기원합니다.

학습역량코칭 지도사의 측면에서 특히 반가운 것은 '할 수 있다'는 자기 효능감을 회복시키고, 아이가 스스로 계획하고 보완을 판단하는 공부로 전환시키는 구체적 방법입니다. 작은 계획, 매일 체크, 미루기 점검 같은 실천 장치들은 상담 직후 바로 적용 가능한 도구들입니다. 학부모로서도 잔소리 대신 이해와 설계로 아이의 마음 근육을 키우는 길이 어렵지만 엄마로서 잘 해내고 있었구나 하는 위로와 확신을 얻었습니다.

모든 가정과 교실에 《기적의 학습 멘탈 수업》을 자신 있게 추천합니다.

김남희(메타융합논술 원장)

"나는 이렇게 하면 되는 사람"이라는
새 문장을 심어주는 책

이 책은 공부를 못하는 아이가 아니라, 상처받은 마음을 먼저 발견해주는 드문 책이다. '공부하기 싫다'는 말 뒤에 숨은 불안, 미루기, 완벽주의, 자존감 문제를 따뜻한 시선과 날카로운 통찰로 끄집어내, 누구나 따라 할 수 있는 현실적인 전략으로 바꾸어준다. 특히 성격 유형, 마음 필터, 부모와의 관계, 친구·선생님과의 지지까지 한 흐름으로 엮어낸 구성이 탁월하다. 청소년에게는 "나는 원래 안 되는 애"라는 낙인을 지우고 "나는 이렇게 하면 되는 사람"이라는 새 문장을 심어주고, 학부모와 교사에게는 '잔소리' 대신 '지지'의 언어를 건네게 하는 사용 설명서가 된다. 책장을 덮을 때쯤, 우리는 깨닫게 된다. 기적은 성적 급상승이 아니라, 포기하지 않는 멘탈을 갖춘 한 아이의 눈빛에서 시작된다는 것을. 그 시작을 돕고 싶은 모든 어른과 학생에게 이 책을 강력히 권한다.

이창우(동탄중앙고등학교 역사교사)

고1 학생이 공부 때문에 힘들어한다면

사교육 없이 아이를 잘 키워오고 있다고 생각했는데, 아이가 고등학교 입학하고 처음으로 공부 때문에 힘들다고, 자존감이 떨어진다고, 여러 번 이야기하더라고요. 특정 과목에서 선행하고 온 아이들과 실력 차이가 나니 더 그랬던 것 같습니다. 좋은 기회에 현용찬 박사님을 뵙게 되어 아이가 '아직 늦지 않았다'는 생각과 함께 '나만의 공부 전략'을 깨우치며 성장해가고 것 같아서 현용찬 박사님께 늘 감사드립니다. 그동안 박사님께서 아이들의 학습 멘탈을 지켜주고 도와준 여정이 이 책에 생동감 있게 실려 있는 듯해요. 다른 많은 학생들도 이 책을 통해서 학습 과정에서 큰 도움을 받을 수 있을 것 같아 추천드리고 싶습니다.

박혜영(필명, 고1 학생의 학부모)

'공부하기 싫다'는 생각, 그 뒤에 숨겨진 진짜 마음

"지금 공부를 왜 하죠? 하기 싫은데 왜 그러는 거예요!"

'수학 공부'라는 말을 꺼내자 아이는 돌연 화를 내며 격렬하게 반항했습니다.

그 일은 중학생 조카에게 수학을 가르쳐주려다 일어난 일이었습니다. 친조카는 아니지만 평소 조카처럼 친밀하게 지내던 아이였기에, 좋은 마음으로 다가섰다가 뜻밖의 반응에 큰 충격을 받았습니다. 그러나 대화를 이어가면서 아이의 분노가 단순히 '공부하기 싫다'는 마음에서 비롯된 것이 아님을 알았습니다. 아이의 숨겨진 좌절감과 심리적 어려움을 이해하고 싶다는 강렬한 마음이 솟아올랐습니다.

그리고 저는 그때까지 잘 다니고 있던 회사를 나와 새로운 길을 택했습니다. 중학생 조카와 같이 지능에는 문제가 없지만 학습 동기가 없거나 심리적인 어려움, 잡념, 갈등으로 인해 자신의 능력을 발휘하지 못하는 아이들을 돕기 위한 것이었습니다. 한국방송통신대학교 청소년교육상담복지학과에 편입학하여 교육학과 심리, 상담에 발을 들였습니다. 물리학을 전공한 평범한 회사원에서 교육철학자로, 삶의 극적인 전환이자 '학습 멘탈' 여정의 진정한 시작이었습니다.

알베르트 아인슈타인은 "문제를 해결하는 데 한 시간이 주어진다면 55분은 문제 정의에, 5분은 답을 찾는 데 쓰겠다."고 했습니다. 문제를 제대로 파악해야 답을 찾을 수 있다는 뜻입니다. 그런데 실제 교육 현장에서 수많은 학생들을 만나면서 우리 친구들이 더 나은 공부 방법을 찾으려고 애쓰지만, 정작 자신이 겪고 있는 공부의 어려움에서 진짜 '문제'가 무엇인지는 알아보려 하지 않는다는 것을 알게 되었습니다. 그래서 우리 친구들의 피상적인 외침 뒤에 숨겨진 진정한 마음의 소리에 더욱 귀를 기울

였습니다. 그리고 공부를 가로막는 진짜 문제는 대개 학습 멘탈의 흔들림에서 비롯된다는 것을 다시 한 번 깨달았습니다.

나의 학습 문제를 해결하려면 겉모습이 아닌 내면의 문제를 제대로 파악하고 분석하는 것이 무엇보다 중요합니다. 진정한 공부의 힘은 머리에서 나오는 것이 아니라, 흔들리지 않는 단단한 마음에서 비롯됩니다. 이것은 학습 멘탈 전문가의 길을 걸어온 지난 18년 동안의 깊이 있는 연구와 광범위한 현장 경험에서 얻은 확고한 신념입니다. 오직 그 신념으로 우리 친구들이 외부 환경이나 일시적인 감정에 휘둘리지 않고 스스로의 힘으로 학습 역량을 극대화할 수 있도록 학습 멘탈의 중요성을 끊임없이 역설하고, 내면에 잠재된 단단한 마음의 힘을 깨우는 데 집중했습니다. 그 결과, 수많은 친구들이 좌절과 무기력의 그림자에서 벗어나 다시금 자신의 빛나는 꿈을 향해 나아갈 수 있었습니다. 이 책 《기적의 학습 멘탈 수업》은 바로 그러한 연구와 풍부한 현장 노하우를 집약한 결과물입니다.

이 책은 바로 여러분이 공부 어려움이라는 '문제'를 용기 있게 마주하고 분석하며, '나만의 답'을 스스로 찾아나갈 수 있도록 돕는 안내서입니다. 나 자신과 내 마음속 그림자를 알고, 학습 멘탈을 단단하게 키우는 것이 문제 정의(이 책 1~3장)라면, 나에게 맞는 공부 기술과 사회적 지지를 찾아(이 책 4~5장) '나만의 보물 지도'를 만드는 것(이 책 6장)이 바로 답 찾기 과정입니다.

공부는 나 자신을 알고 그에 맞게 노력하여 성장하는 여정입니다. 이 책이 나만의 강한 학습 멘탈을 발견하고 지키는 소중한 통로가 되기를 진심으로 바랍니다.

여러분의 빛나는 학습 여정을 응원합니다!

진심을 담아,
현용찬 드림

차 례

> **1**   왜 나를 아는 것이 공부에 중요할까?
>   : 진짜 '나'를 찾아 떠나는 여행

공부 엔진에 불을 지피는
단단한 학습 멘탈 만들기

혹시 공부를 하고는 싶은데 어디서부터 시작해야 할지 모르겠어서 답답할 때는 없었니? 책상 앞에 앉아 있지만 뭘 해야 할지 막막하고, 마음은 자꾸만 딴 곳으로 도망가거나 불안하고…. 분명 나름대로 노력은 하는데 성과는 잘 안 나오는 것 같아서 속상한 때도 있었을 거야.

맞아. 공부를 잘하고 싶은데 방법을 모르거나 마음이 자꾸 흔들려서 힘들어하는 친구들이 정말 많아. 지금 네가 만약 그렇다면, 이 책 《기적의 학습 멘탈 수업》은 바로 너를 위한 책이라고 할 수 있어.

나는 교육 현장에서 많은 청소년 친구들을 만나 상담하고, 오랜 시간 동안 우리 친구들의 '학습'과 '마음'에 대해 깊이 생각하고 연구했어. 우리 친구들이 왜 공부를 힘들어하는지, 어떤 마음 때문에 어려움을 겪는지 말이야. 운동선수에게는 튼튼한 몸과 흔들리지 않는 정신이 중요하잖아? 우리도 마찬가지야! 공부에도 똑같이 중요한 게 있는데, 그게 바로 '학습 멘탈'이야. 쉽게 말하자면 공부할 때 내 마음이 어떤 상태인지 알고, 어려운 문제나 시험 점수에 부딪쳐 좌절감을 느꼈을 때 다시 일어서서 나 자신을 믿고 앞으로 나아갈 수 있는 마음의 힘이라 할 수 있어.

내가 많은 친구들을 만나서 알게 된 가장 중요한 사실은 이거야. 공부를 잘하고 못하고는 지능의 차이보다 마음의 차이에서 오는 경우가 훨씬 많다는 거! 마음이 건강하고 단단한 친구들이 꾸준히 공부하고 결국 꿈을 이루는 경우가 많았어.

특히, 공부는 하고 싶지만 방법을 몰라서 힘들어하는 친구들에게는 학습 멘탈을 이해하고 키우는 것이 무엇보다 중요하지. 학습 멘탈이 단단해지면 말이야, 공부를 왜 해야 하는지 스스로 답을 찾을 수 있어. 어떤 방법으로 공부하는 게 나에게 가장 잘 맞는지 알게 되고, 힘들 때도 포기하지 않고 다시 시작할 용기가 생길 거야. 공부가 조금 더 재미있어지고, 스스로 얼마나 성장하고 있는지 알게 될 거야. 시험 점수가 안 좋을 때에도 흔들리지 않고 '다음에는 더 잘해야지!' 하고 생각하게 될 거야. 힘을 내어 공부에 집중할 수 있을 거야.

어때? 학습 멘탈을 단단하게 만들고 싶다는 생각이 좀 들었니? 이 책은 너의 빛나는 학습 멘탈을 찾아 떠나는 재미있는 여행 안내서가 되어줄 거야. 어렵고 딱딱한 이야기는 하나도 없어. 내가 만난 여러 친구들의 이야기와 함께 우리 마음속 학습 방해꾼을 어떻게 물리치는지, 너만의 강점은 어떻게 살리는지, 그리고 너에게 딱 맞는 공부 방법은 뭔지 차근차근 이야기해줄게. 책을 펴면 그간 마음이 답답했던 친구들은 "아하!" 하고 무릎을 탁 치게 될 거야. 이 모든 이야기는 나의 오랜 연구와 많은 친구들의 실제 경험을 바탕으로 하고 있으니 믿고 따라와도 좋아.

이 책을 다 읽었을 때쯤이면, 지금보다 훨씬 더 자신감 있고 단단한 마음으로 공부를 마주할 수 있을 거야. 공부뿐만 아니라 우리 삶의 다른 어려움들도 씩씩하게 헤쳐나갈 수 있는 힘을 기르게 될지도 몰라.

자, 준비됐니? 이제 우리 함께 빛나는 학습 멘탈을 찾아 떠나볼까?

$$1$$

왜 나를 아는 것이
공부에 중요할까?

진짜 '나'를 찾아 떠나는 여행

자, 친구야! 프롤로그에서 우리는 학습 멘탈이 무엇이고 왜 중요한지, 그리고 이 책이 우리의 학습 여정에 어떤 재미있는 친구가 되어줄지 살짝 이야기를 나눠봤지? 그럼 이제 학습 멘탈 보물을 찾는 진짜 여행을 시작해볼 거야. 이 여행의 첫 번째 목적지는 바로 엄청나게 신비롭고 흥미진진한 곳인데, 어디일까? 바로 '나' 자신이야! 응? 갑자기 무슨 이야기냐고? 우리는 지금 공부 이야기를 해야 하는 거 아니냐고? 맞아! 우리는 공부 이야기를 할 거야. 그런데 말이야, 공부는 나를 잘 아는 것으로부터 시작이 되거든. 자, 지금부터 그 이야기를 해볼 거야.

1. 왜 나를 아는 것이 공부에 중요할까?

　　친구야, 혹시 게임을 하거나 운동 경기를 할 때 상대방에 대해 잘 아는 것이 얼마나 중요한지 느껴본 적 있니? 상대가 어떤 기술을 잘 쓰고, 어떤 전술에 약하고, 평소 어떤 전략을 쓰는지 미리 파악해두면 나에게 유리한 작전도 짜고, 예상치 못한 공격에도 당황하지 않고 잘 막아낼 수 있잖아? 마치 명탐정이 사건을 해결하기 위해 범인에 대해 꼼꼼히 파헤치는 것처럼 말이지. 그런데 말이야, 우리가 공부라는 게임에서 진짜 이겨야 할 상대는 누구일까? 옆자리 친구? 시험? 아니면 책상에 가득 쌓여 있는 문제집 더미?

아니야! 진짜 상대는 바로 '나 자신'이야!

우리가 공부라는 긴 여정을 성공적으로 해내려면, 나 자신이 어떤 사람인지, 어떤 강점을 가지고 있는지, 어떤 부분에서 어려움을 느끼는지, 어떤 방법으로 나아갈 때 가장 빠르고 즐겁게 갈 수 있는지를 정확히 알아야 해. 마치 낯선 길을 갈 때 내비게이션에 정확한 출발지와 목적지를 입력해야 헤매지 않고 안전하게 갈 수 있는 것처럼 말이야. 만약 나를 제대로 알지 못한 채 무작정 친구가 하는 대로 따라 하거나, 인터넷에 나온 '공부 잘하는 법'을 그대로 따라 하면 어떻게 될까?

- 나는 조용하고 혼자 집중할 때 에너지가 충전되는 성향인데, 시끄러운 스터디카페에서 공부하거나 친구들과 함께 모여서 공부하면 아마 집중도 안 되고 스트레스만 쌓여서 공부하기가 더 싫어질지도 몰라.

- 나는 새로운 개념을 먼저 익히고 문제를 푸는 게 편한데, 자꾸 문제부터 풀면서 그 과정에서 개념을 익히려고 하면, 아마 어렵게 느껴지고 금방 포기하고 싶어질지도 몰라.

- 나는 오전에 머리가 제일 잘 돌아가는데, 잠을 줄여가며 밤늦게까지 공부하려고 하면 효율이 떨어지고 몸과 마음만 지칠 수도 있어.

이렇게 나를 제대로 모르고 나에게 맞지 않는 옷을 입은 듯

기적의 학습 멘탈 수업

공부하면 당연히 힘들 수밖에 없어. 노력은 하는데 자꾸 벽에 부딪히는 느낌이 들고, '나는 왜 이렇게 안 될까?' 하면서 스스로를 자책하게 될 수도 있어. 이게 바로 공부는 하고 싶은데 방법을 몰라서 답답하고 마음이 흔들리는 친구들의 모습일 거야.

그런데 나 자신을 잘 알면, 진짜 마법 같은 일들이 벌어져! 나의 성격과 강점을 살려서 나에게 가장 잘 맞는 '나만의 공부 스타일'을 찾을 수 있어. 왜 어떤 과목은 쉽고 어떤 과목은 어렵게 느껴지는지, 왜 어떤 부분에서 자꾸 실수가 나오는지 알게 돼. 그뿐 아니야. 공부하다가 힘든 순간을 만났을 때 나를 어떻게 다독여야 하는지 알게 돼. 억지로 끌려가는 공부가 아니라, 자기 주도적으로 이끌어가는 공부를 하면서 재미를 느끼고 성취감도 쌓을 수 있어. 마침내 '나는 할 수 있다!'는 자신감이 생기고, 어떤 어려움에도 쉽게 흔들리지 않는 단단한 학습 멘탈을 만들 수 있게 되지.

단단한 학습 멘탈을 가진 중학교 1학년 남학생이 있었어. 심리연구소가 뭐 하는 곳인지 궁금해서 그냥 그 호기심 하나로 나를 찾아왔다고 했어. 그런데 그 친구의 어머니는 걱정이 많았어.

"현쌤, 얘가 공부는 안 하고 매일 쓸데없는 책만 읽어요. 친구도 별로 없고요."

어머니 눈에는 학교 공부는 뒷전이고 만화, 소설 같은 책만 끼고 사는 아들이 답답하고 걱정이 되었어. '저걸 읽는 시간에

차라리 문제집을 한 페이지 더 풀지!'라고 생각했을지도 몰라.

내가 이 친구를 가만히 살펴보니, 맑은 눈빛에 호기심이 가득했어. 뭔가 궁금한 것이 생기면 끝까지 파고들어야 하고 원리를 이해해야 마음이 편안해지는, 탐구형 성향이 아주 강한 친구였어. 그래서 그 어머니께 이렇게 말씀드렸어.

"어머니, ○○는 호기심이 아주 많습니다. 지금은 그 호기심을 따라가게 그냥 내버려두는 게 어떨까요?"

이 친구는 자신의 호기심을 따라 계속 책을 읽었어. 알고 보니, 초등학교 때부터 학교 도서관 책을 거의 다 읽었을 정도였다고 해. 처음에는 순수한 호기심이었지만, 나중에는 학교에서 책을 많이 읽으면 선물을 준다고 해서 "읽는 김에 선물도 받자." 하는 마음으로 더 열심히 읽기도 했대. 그렇게 십대 시절 내내 책과 함께 보냈던 시간이 나중에 이 친구의 '공부 인생'에 어떤 놀라운 변화를 가져왔을까?

고등학교에 올라가서 수능 모의고사를 보는데, 이 친구는 다른 친구들보다 '글 읽는 속도'가 엄청나게 빠른 것을 느꼈대. 다른 친구들이 문제를 한 번 읽고 풀 때, 이 친구는 두 번, 세 번 이상 읽으면서 문제의 핵심을 파악하고 답을 정확하게 찾아낼 수 있었지. 그 결과, 수능 모의고사 언어 영역에서 만점에 가까운 점수를 받으며 모두를 놀라게 했어.

이 친구는 가끔 '잘난 척한다'는 말도 들었대. 자신의 호기심을 숨기지 않고 솔직하게 이야기하고 질문하는 모습이 다른 사람들에게는 그렇게 비쳐졌을지도 몰라. 하지만 그건 잘난 척이 아니야. 호기심이라는 강력한 탐구형 성향을 있는 그대로 드러내고, 이를 공부에 활용해 자기만의 방식을 찾은 아주 멋지고 용감한 모습일 뿐이야.

이 친구처럼 때로는 주변 사람들이 보기에 '이게 공부에 무슨 도움이 될까?' 싶은 나만의 활동이나 관심사가 있을 수 있어. 하지만 그 안에 나만의 호기심과 진심으로 좋아하는 마음이 담겨 있다면, 그것이 바로 공부하는 힘을 키우는 소중한 보물이 될 수 있어. 우리 안에는 이미 자신만의 '공부하는 힘'이 숨겨져 있거든.

내가 많은 친구들을 만나고 학습 심리와 방법에 대해 연구하면서 가장 중요하게 깨달은 게 있어. 공부의 시작은 기술이 아니라 '나 자신을 이해하는 것'이야. 나를 알면 공부의 목적과 방향이 보이고, 마음이 단단해지고, 결국 내가 원하는 목표 지점까지 꾸준히 나아갈 수 있는 힘이 생기지.

자, 어때? 이제 나를 아는 것이 왜 공부에 중요한지 조금은 알게 되었니? 앞으로 이어질 여행에서 우리는 내 안에 숨겨진 정말 귀하고 특별한 보물들을 많이 발견하게 될 거야. 기대해도 좋아. 그럼, '나를 찾아가는 신나는 여행'의 첫 번째 기착지이자, 내 안에 숨겨진 첫 번째 보물인 '나의 성격'을 함께 탐험하러 가보자!

2. 내 안에는 어떤 보물이 숨어 있을까?

친구야, 잠깐만 네 주변을 한번 둘러볼래? 너와 같이 공부하는 친구, 가족, 학교 선생님 모두 생김새가 다 다르고 목소리도 다 다르지? 똑같은 사람은 하나도 없을 거야. 신기하게도 사람들은 생김새만 다른 게 아니야. 세상을 보고, 생각하고, 느끼고, 행동하는 방식도 저마다 다 달라. 바로 이런 내가 생각하고 느끼고 행동하는 방식이 모여서 '성격'이라는 나만의 특별한 색깔을 만드는 거지.

성격이 뭐 그렇게 중요하냐고? 음, 좋아하는 음식을 먹고 기뻐하거나 비 오는 날 창밖을 보면서 느끼는 감정처럼 아주 작고 사소해 보이는 것부터 어려운 문제를 만났을 때 어떻게 반응하는지까지, 삶의 거의 모든 순간에 내 성격이 영향을 미친다.

성격이라는 건 태어날 때 이미 만들어진 부분도 있고, 자라면서 부모님과 친구들의 관계 및 다양한 경험 속에서 조금씩 다듬어지고 만들어지기도 해. 그래서 세상에 똑같은 성격을 가진 사람은 단 한 명도 없어. 내 성격은 바로 나를 가장 나답게 만들어주는, 세상에 단 하나뿐인 보물인 거야.

그런데 성격이 공부랑 무슨 상관이냐고? 아주 깊은 상관이 있지. 성격에 따라 공부할 때 어떤 환경에서 집중이 잘 되는지, 어떤 방법으로 배울 때 더 재미를 느끼는지, 어려운 문제가 나왔을 때 어떻게 반응하는지가 달라지거든. 나에게 맞는 옷을 입어야 편안하게 움직일 수 있는 것처럼, 나의 성격에 맞는 방식으로 공부해야 효율도 오르고 마음도 편안해지고.

내가 상담을 해주었던 초등학교 6학년 친구가 있었어. 그 친구는 이렇게 말했어.

"현쌤, 저는 바보인가 봐요. 아무리 해도 안 돼요."

공부의 어려움에 대해 이야기를 이어가던 중 조금 놀라운 사실을 알게 되었어.

이 친구는 초등학교 4학년 때 공부 때문에 너무너무 힘들었대. 특히, 영어 단어를 외우는 것이 세상에서 가장 어려운 일처럼 느껴졌대. 아무리 깜지(암기할 내용을 빼곡히 쓰는 연습)를 하고, 소리 내어 읽고, 반복해서 외워도 돌아서면 잊어버리고, 다음 날 다시 보면 하나도 기억이 나지 않았대.

자꾸만 잊어버리고, 노력해도 결과가 나오지 않으니 마음속에는 '나는 머리가 나쁜가 봐', '나는 바보인가 봐' 하는 어둡고 차가운 생각들이 가득 찼지. 이런 생각들은 '나는 아무리 해도 안 돼' 하는, 자존감을 갉아먹는 그림자를 점점 더 크게 만들었어. 공부할 의욕도 사라지고, 새로운 것을 배우는 것이 두렵게 느껴졌어.

그런데 이 친구에게 아주 작지만 결정적인 변화의 계기가 찾아왔어. 초등학교 5학년 때, 문득 호기심이 발동했어. 영어 단어를 보다가 '이 단어는 왜 이렇게 생겼을까? 왜 이런 뜻을 갖게 되었을까?' 하는 궁금증 생긴 거야. 그래서 용기를 내어 학교 원어민 선생님을 찾아가서 말했대. "선생님, 이 단어가 어떻게 만들어졌는지 알려주세요."

원어민 선생님은 이 친구의 호기심을 기특하게 여겨 단어의 어원에 관한 학습 자료를 찾아주셨어.

이 친구는 원어민 선생님께 받은 자료로 공부하기 시작했어. 무조건 외우는 것이 아니라 단어의 어원을 배우고 그 원리를 이해하자, 신기하게도 영어 단어가 머리에 쏙쏙 들어오기 시작했어. '아하, 그래서 이런 뜻이 되는구나!' 하고 깨닫는 기쁨을 느꼈지. 그리고 그 단어가 들어간 문장을 함께 보면서 단어가 어떻게 쓰이는지 이해하려고 노력했어. 이 친구는 그 순간 '아, 나는 이런 식으로 공부할 때 공부가 잘 되는구나.' 하고, 나만의 공부 방법을 스스로 발견한 거야.

그래서 나는 이 친구가 이미 5학년 때 '나만의 공부 방법'을 발견했다는 것과 호기심을 통해 원리를 탐구하며 학습하는 것이 자신에게 잘 맞는 방법이라는 것을 짚어주었어.

"와아! 친구야, 너 정말 대단하다. 스스로 너에게 맞는 공부 방법을 찾았구나. 나는 호기심이 많은 사람이 어떻게 공부하면 잘되는지 알고 있어. 네가 바로 그런 사람이야. 네가 찾은 그 방법이 바로 너에게 가장 좋은 공부 방법이야. 지금 다시 공부가 어렵게 느껴진다고 했지? 5학년 때를 떠올려봐. 영어 단어에 호기심을 느꼈을 때 말이야."

나는 이 친구가 스스로 발견한 그 소중한 힘을 잃지 않도록 칭찬하고 격려했어. 그리고 나서 이 친구의 부모님과도 상담했어. 부모님께 이 친구가 스스로에게 맞는 공부 방법을 찾았고, 지금 아주 잘하고 있다고 이야기했지. 그리고 이 친구가 스스로 발견한 그 방법을 믿고, 자신이 하고 싶은 대로, 자신의 속도에 맞춰 공부할 수 있도록 지지해주시는 것이 얼마나 중요한지 조언해드렸어.

이 친구는 뛰어난 영어 실력을 바탕으로 다른 공부에서도 놀라운 성장을 이루었어. 스스로를 바보라고 생각했던 어두운 마음 필터가 밝고 긍정적인 색깔로 바뀌었고, 공부는 더 이상 어렵고 두려운 것이 아닌 꿈을 향해 나아가는 과정이 되었지. 이처럼 나의 성격에 맞는 방식으로 공부하면 그 효과가 눈에 띄게 달라진다.

내가 특별히 우리 친구들의 성격을 깊이 이해하려고 연구를 할 때 사람들의 성격을 몇 가지 유형으로 나누어 살펴보는 U&I 학습유형검사[1]를 활용해봤어. 이 검사 도구에 따르면 학습 성격과 행동 방식은 크게 4가지로 분류할 수 있어. 행동형, 규범형, 탐구형, 이상형으로 구분되지. 물론 이 검사 결과가 내 성격을 한 가지 틀에 가두는 건 절대 아니야. 사람은 훨씬 다양하고 복잡하거든. 하지만 이런 유형 분류를 통해 '아, 나에게 이런 면이 있구나.' 하고 스스로를 이해하는 데 도움을 받을 수 있어.

자, 그럼 U&I검사에 따른 4가지 대표적인 성격 유형을 만나러 가볼까?

① 행동형: "앉아만 있기 답답해요! 직접 움직여야 신나요!"

이 유형의 친구들은 '행동', '움직임', '경험'이 아주 중요해! 가만히 앉아서 듣거나 읽는 것보다는 직접 몸으로 부딪히고, 만들

---

[1] U&I학습유형검사는 김만권 박사(연우심리개발원)가 개발한 것으로 학습 성격과 행동 방식을 진단하는 검사이다. U&I학습유형검사에서는 행동형, 규범형, 탐구형, 이상형의 4가지 기본 유형과 이들의 조합형을 포함하여 총 14가지 성격 유형으로 구분한다.

고, 시도하면서 배울 때 머리에 쏙쏙 들어오고 재미를 느껴. 궁금한 게 있으면 머릿속으로만 생각하기보다 일단 해보는 게 먼저일 때가 많을걸. 그렇다 보니 에너지가 넘치고 활발한 친구들이 많아. 또 틀에 박힌 반복적인 일보다는 새로운 것을 배우고 다양한 활동을 하는 걸 좋아하고, 혼자 조용히 있기보다는 사람들과 어울리거나 신나는 분위기를 즐기는 걸 편안하게 느껴. 발표를 하거나 앞에 나가서 설명하는 것도 크게 어려워하지 않아.

| 행동형 성향의 친구들을 위한 공부 팁! |

오래 앉아 있기 힘들다고 너무 걱정 마! 공부하는 중간중간 스트레칭을 하거나 짧게 산책하는 시간을 가져봐. 앉아서만 하는 공부가 답답하게 느껴진다면 학습 내용을 소리 내어 읽거나, 직접 손으로 써가면서 외우거나, 배운 내용을 친구나 가족에게 설명해주는 등 몸을 움직이는 공부법을 활용해보는 것이 좋아.

직접 경험하고 참여하는 공부에 더 힘을 기울여봐! 실험 수업이나 토론, 팀 프로젝트처럼 활동적인 수업에 더 적극적으로 참여해봐. 공부한 내용을 표나 그림으로 표현하는 것도 좋은 방법이야. 반복적인 학습이나 단순 암기가 지루하게 느껴진다면 학습 내용을 노래로 만들거나 춤을 추면서 외우는 것처럼 나만의 재미있는 방법을 찾아보는 것도 좋아.

② 규범형: "계획이 중요해! 차근차근 해나가야 마음이 편해요."

이 유형의 친구들은 정리, 정돈, 규칙, 계획, 약속 같은 것을 중요하게 생각하는 편이야. 어질러져 있거나 뒤죽박죽인 것보다는 잘 정돈되어 있고 정해진 순서대로 움직이는 것을 볼 때 마음이 편안하고 안정감을 느껴. 미리 계획을 세우고 그걸 지키기 위해 노력하는 성실함과 책임감이 강한 친구들이 많지.

해야 할 일 목록(To-Do List)을 만들고 하나씩 지워나가는 것에서 성취감을 느껴. 하지만 갑자기 계획이 바뀌거나 예상치 못한 상황이 생기면 조금 당황하거나 불안하게 느낄 수도 있어.

| 규범형 성향의 친구들을 위한 공부 팁! |

계획 세우기의 달인! 나의 강점을 살려 하루, 일주일, 한 달 단위로 학습 계획을 꼼꼼하게 세워봐. 그리고 계획대로 차근차근 공부하는 습관을 들이면 효율을 높일 수 있어.

노트 정리도 깔끔하게! 배운 내용을 정해진 틀에 맞춰 정리하거나, 중요한 부분을 색깔 펜으로 구분하는 것처럼 체계적인 노트 정리법을 활용하면 좋아.

반복 학습에 강점! 원리와 개념을 확실히 이해하고 문제를 유형별로 반복해서 푸는 것처럼 꾸준함과 정확성이 필요한 공부가 잘 맞아.

가끔은 계획대로 안 돼도 괜찮아! 세상일이 모두 계획대로 되

기적의 학습 멘탈 수업

는 건 아니니까. 예상치 못한 상황이 벌어졌을 때 너무 스트레스 받지 않고 유연하게 대처하는 연습을 해봐. 완벽하지 않아도 괜찮단다.

③ 탐구형: "왜요? 정말요? 저건 어떻게 된 거죠? 궁금한 게 너무 많아요!"

이 유형의 친구들은 말 그대로 호기심 덩어리야. '이건 왜 그렇지?', '정말 저 말이 맞을까?', '원리가 뭘까?' 하면서 스스로에게 질문을 던지고, 그 답을 찾기 위해 깊이 생각하고 파고드는 것을 세상에서 제일 재미있어해. 논리적으로 따지고 분석하는 것을 즐기며, 진실이나 숨겨진 의미를 알아내는 것에서 큰 기쁨을 느끼지. 친구들과 함께 질문에 대한 답을 찾기 위해 토론하거나 자료를 찾아보는 것을 좋아하고, 새로운 사실을 알게 되었을 때 눈이 초롱초롱 빛나는 친구들이 많을 거야.

┃ 탐구형 성향의 친구들을 위한 공부 팁! ┃

'왜?'라는 질문은 최고의 공부 엔진! 수업 중에, 또는 책을 보다가 궁금한 점이 생기면 넘어가지 말고 꼭 질문하거나 스스로 답을 찾아보려고 노력해봐. 질문을 하거나 인터넷, 책을 찾아보며 궁금증을 해결하는 과정에서 더 깊이 공부하게 될 거야.

원리 이해가 중요! 단순히 공식을 외우거나 개념을 암기하는 것보다, 그 원리가 왜 그렇게 되는지 이해하려고 노력할 때 훨씬 잘 기억하고 응용할 수 있어. 수학이나 과학처럼 논리적이고 탐구적인 과목에 특히 강점을 보일 수 있지.

혼자 깊이 생각하는 시간을 가져봐! 조용한 곳에서 배운 내용을 곱씹거나, 어려운 문제를 만나면 풀릴 때까지 집중해서 생각하는 시간이 실력을 키워줄 거야. 다만, 한 가지에 너무 깊이 빠지면 전체 흐름을 놓칠 수도 있으니, 이 점은 조심하면 더 좋을 거야. 문제를 해결하기 위해서는 깊이 생각하는 것만큼 넓게 보는 것도 중요하거든.

④ 이상형: "우리 함께 잘 지내요! 따뜻한 마음으로 서로 이해해요!"

이상형 성격의 친구들은 사람들의 감정이나 관계를 중요하게 생각하고, 따뜻하고 배려심 깊은 마음을 가지고 있어. 힘들어하는 친구를 보면 그냥 지나치지 못하고 공감해주는 능력이 뛰어나지. 아름다운 것, 의미 있는 것, 사람들의 마음을 움직이는 것에 감동을 잘 받고, 이상적이고 조화로운 것을 추구하는 편이야. 친구들과 좋은 관계를 맺고 함께하는 것을 중요하게 생각하고, 누군가를 돕거나 세상에 좋은 영향을 주는 일에서 큰 보람을 느껴. 말로 자신의 감정을 표현하거나 글이나 그림처럼 예술적인 방식으로 표현하는 것을 좋아할 수도 있어.

기적의 학습 멘탈 수업

| 이상형 성향의 친구들을 위한 공부 팁! |

함께 공부할 때 힘을 얻을 수 있어! 스터디 그룹을 만들거나 친구와 서로 학습 내용을 설명해주고 들으면서 서로에게 긍정적인 에너지를 주고받아봐.

학습 내용의 '의미'를 찾으려고 노력해봐! 지식 자체보다는 그것이 사람들에게 어떤 의미가 있는지, 세상에 어떤 좋은 영향을 줄 수 있는지 생각할 때 더 흥미를 느끼고 기억에 오래 남거든. 문학이나 역사, 사회 과목처럼 사람과 사회에 대한 이야기가 담긴 공부와 더 잘 맞을 수도 있어.

따뜻한 마음과 공감 능력은 다른 친구들을 도와주면서 나 자신의 실력도 함께 키울 수 있는 멋진 보물이야. 하지만 가끔은 다른 사람의 감정이나 관계 문제 때문에 공부에 집중하기 어렵거나 마음이 흔들릴 수 있어. 공부할 때만큼은 다른 생각은 잠시 접어두고 집중하는 연습이 필요할 거야. 나의 소중한 감정을 건강하게 다스리는 방법을 배우는 것이 중요해!

자, 이 4가지 유형 중 너는 어디에 가장 가까운 것 같아? '나는 행동형 같기도 하고 규범형 같기도 한데?', '나는 탐구형이랑 이상형이 섞인 것 같아!'라고 생각한 친구도 있을 거야. 당연해. 앞에서도 이야기했지만, 4가지 성격 유형 중에 딱 하나만 집어낼 수는 없어. 우리 안에는 4가지 모습이 조금씩 다 들어 있어.

평소 어느 성향이 더 강하거나 특정 상황이나 환경에서 어떤 모습이 더 많이 나타나는지의 차이일 뿐이야. 때로는 행동형처럼 움직였다가, 때로는 규범형처럼 계획을 세우고 싶어지기도 하는 게 자연스러운 모습이란다.

사람의 성격은 이 4가지 중에 딱 하나로만 정해지는 게 아니야. 4가지 성격 중에서 2가지나 3가지를 동시에 가지고 있는 친구들이 훨씬 많아. 그래서 U&I학습유형검사에서는 이 기본 유형이 조합된 다양한 유형들을 이야기하고 있어. 내 안에는 다양한 성격의 꽃들이 모두 자라고 있을 수 있고, 그 꽃들이 조합되어서 나만의 아주 특별하고 고유한 성격이라는 꽃밭을 만들고 있는 거야. 중요한 것은 "나는 이런 성향을 가지고 있구나."라거나 "나는 이런 상황에서 이렇게 생각하고 느끼는 편이구나." 하고 자신의 성격적 특성을 이해하려고 노력하는 거야.

나의 성격을 깊이 이해한다는 것은 내가 어떤 방식으로 배우는 것을 더 좋아하고 잘 하는지, 어떤 환경에서 집중이 잘 되는지를 파악하는 거야. 그리고 나의 성격적인 강점은 공부에 적극적으로 활용하고, 혹시 공부를 방해할 수 있는 성격적인 약점은 어떻게 보완할지 생각해보는 거지. 예를 들어 행동형이라서 오래 앉아 있기 힘들다면 중간에 자주 움직이면서 집중력을 유지하는 방법을 찾고, 규범형이라서 계획대로 안 될 때 불안감을 느낀다면 처음부터 계획을 조금 여유 있게 세우는 거야. 이게 바로

기적의 학습 멘탈 수업

'나만의 공부 스타일'을 찾아가는 과정이야.

자, 이제 내가 어떤 성격인지 조금 더 자세히 알게 되었을 거야. 성격은 나를 특별하게 만들고, 나만의 방식으로 공부하고 성장할 수 있게 도와주는 아주 소중한 보물이란다.

현쌤의 TIP

다시 한 번, 진짜 중요하니까 크게 외칠게. 세상에 나쁜 성격은 없어! 어떤 성격이 공부를 더 잘하는 성격이고, 어떤 성격은 공부에 불리하다는 생각도 절대 금물! 행동형, 규범형, 탐구형, 이상형의 성격 모두 저마다 공부에 도움이 되는 특별한 강점들을 가지고 있어. 내가 어떤 성격이든, 나는 나만의 방식으로 충분히 잘 해낼 수 있는 힘을 가지고 있단다!

3. 나와 부모님, 성격이 달라도 괜찮아!

앞에서 우리는 나만의 특별한 성격에 대해 알아보는 시간을 가졌어. '행동형, 규범형, 탐구형, 이상형 중에서 나는 어떤 유형에 더 가깝지?' 하고 스스로에게 질문도 해봤을 거야. 나의 성격을 아는 게 공부에 얼마나 중요한지도 알게 됐고.

그런데 말이야, 우리는 이 넓은 세상에서 나 혼자만 뚝 떨어져 살아가는 게 아니잖아? 가족과 함께 살고, 친구들과 학교에서 웃고 떠들고, 선생님과 함께 배우면서 수많은 사람들과 복작복작 관계를 맺으며 살아가고 있지. 그리고 이 관계들이 나의 마음, 그러니까 내 소중한 학습 멘탈에 아주 큰 영향을 미친단다. 좋은 땅에서 자란 나무가 비바람에 흔들리지 않고 건강하게 잘 자라 맛있는 열매를 맺는 것처럼 내가 살아가는 환경, 특히 집에서 부모님과 잘 지내는 것이 나의 학습 멘탈을 건강하고 튼튼하게 키우는 데 정말 중요하거든. 그런데 세상에 완벽하게 똑같은 사람은 없다고 했잖아? 내가 특별한 성격을 가지고 있는 것처럼, 우리 부모님도 저마다 다른 성격을 갖고 있어. 그리고 가끔, 아니 어쩌면 자주 부모님과 나는 서로 이해하기가 너무너무 어렵다고 느껴질 때가 있지 않아?

부모님은 분명 나를 사랑하고 좋은 마음으로 하는 말씀인데, 왜 내 귀에는 잔소리처럼 들릴까? 나는 정말 그게 아닌데, 왜 부모님은 나를 오해하는 걸까? 왜 이렇게 부모님과 나는 생각도 다르고, 좋아하는 것도 다르고, 세상을 보고 행동하는 방식도 다를까? 이러한 질문들에 대한 답을 찾기 위해 중학생들이 부모님과 서로 얼마나 비슷하고 다른지에 대한 연구를 했어. 부모님과 자녀가 함께 하는 성격검사(U&I검사)도 해보고, 평소 어떤 행동을 자주 하는지에 대한 설문조사도 했지. 핵심은 부모님과 자녀의 성격이나 행동의 일치, 불일치를 파악하고, 그 결과가 우리 친구들의 마음에 어떤 영향을 미쳐서 어떤 행동으로 나타나는지를 알아보는 거였어.

이 연구에서 도출한 '자녀 학습행동 유형'[2]은 우리가 공부를 할 때는 물론 일상생활에서 흔히 나타날 수 있는 마음 상태나 모습들이었어. 혹시 나에게도 이런 모습이 있나 한번 떠올려봐.

반항형 부모님이나 어른들이 하는 말씀에 "싫어요."라거나 "왜 그래야 하는데요?" 하면서 따르지 않으려는 마음과 행동. 때로 마음속으로는 이해해도 왠지 그냥 반대로 하고 싶을 때도 있고.

완벽주의형 뭐든 틀리지 않으려 애쓰고 완벽하게 해내지 않으면 안 된다는 생각 때문에 스스로를 힘들게 하거나 불안해하는 모습. 예를 들면 과제를 다 하고도 몇 번씩 확인하고, 시험에서 하나라도 틀리면 너무 속상하고.

고군분투형 "열심히 노력하는데 왜 자꾸 안 될까?"라거나 "어떻게 해야 할지 모르겠어." 하면서 마음처럼 되지 않는 공부나 일 때문에 속상해하고 힘들어하는 모습.

잡념형 공부를 할 때 자꾸 다른 생각이나 걱정거리가 떠오르고, 머릿속이 복잡해서 집중하기 어려운 모습.

만족형 대체로 편안하고 긍정적인 마음으로 "이 정도면 괜찮아."라거나 "나는 지금 만족해!" 하는 모습. 작은 것에도 감사하고 행복을 잘 찾는 친구들이 이런 마음이 강할 수 있겠지.

외곬형 다른 사람의 말이나 생각보다는 "나는 이게 맞아!" 하면

---

2   U&I학습유형검사에 포함된 학습행동 유형이다.

기적의 학습 멘탈 수업

서 자기 생각과 자기 방식대로 밀고 나가거나, 한번 시작하면 다른 것에 눈 돌리지 않고 깊이 빠져드는 모습.

부모님과 자녀의 성격 유형이 서로 비슷하거나 다를 때, 그리고 부모님과 자녀가 평소 보이는 행동 유형이 서로 비슷하거나 다를 때 각각의 자녀 행동 유형이 어떻게 나타나는지 살펴보고, 수많은 데이터 속에서 의미 있는 결과들을 찾아냈어. 어떤 결과들이 있었냐면, 부모님과 자녀의 성격 유형이 서로 다를 때 그 자녀들은 잡념형이나 고군분투형, 외곬형 행동을 보이는 경향이 많았어. 왜 그럴까? 아마도 부모님과 나는 생각하는 방식 자체가 너무 달라서 자꾸 부딪히고 이해받지 못한다고 느낄 때, 마음이 복잡하고 불안해지는(잡념형) 거야. 마음처럼 되지 않아서 속상해하거나 힘들어하기도 하고(고군분투형), 또는 "에휴, 부모님은 내 생각 절대 이해하지 못할 거야. 그냥 내 생각대로 해야겠다." 하면서 자기 생각만 고집하는 모습(외곬형)으로 나타났을 수도 있어.

반대로 부모님과 자녀의 성격 유형이 서로 비슷할 때 그 자녀들은 완벽주의형 행동을 많이 보였어. 이건 부모님의 성실하고 완벽하게 해내려는 성향을 자연스럽게 닮게 되거나, 아니면 부모님처럼 잘해야 한다는 부담감 때문에 완벽주의적인 성향이 커졌다고 해석할 수 있지.

이처럼 나와 부모님의 성격이나 행동 방식이 서로 얼마나 비슷한지 다른지가 나의 마음 상태와 행동에 깊은 영향을 줄 수 있어. 물론 이 연구 결과들이 '무조건 이렇다'는 절대적인 규칙은 아니야. 사람 관계는 훨씬 복잡하고 다양할 뿐 아니라 시간이 지나면서 변화하기 때문이야. 그리고 부모님과 나의 성격이나 행동이 일치한다고 해서 무조건 좋은 관계고, 불일치한다고 해서 무조건 나쁜 관계라는 것도 절대 아니야. 성격의 일치 여부와 상관없이 만족형 행동이 비교적 높게 나타나는 친구도 많기 때문이야. 중요한 건 성격이 같냐 다르냐 자체보다, 그 다름을 어떻게 이해하고 받아들이며 소통하느냐야. 이 연구 결과가 우리 친구들에게 알려주는 진짜 중요한 메시지는 바로 이거야.

"아, 나와 부모님은 성격도 다르고 세상을 보고 생각하고 행동하는 방식도 다를 수 있구나! 그래서 서로 이해하기 어렵거나 마음이 부딪히는 경우도 생길 수 있구나!"

그리고 "그 다름 때문에 마음이 복잡해지거나 공부가 힘들게 느껴질 때도 있겠구나." 하고 나 자신을 이해하는 동시에 부모님도 이해해보려는 노력이 정말 중요하다는 거야. 부모님도 우리처럼 기분이 좋았다 나빴다 하고, 잘하는 게 있고 어려워하는 게 있어. 또 부모님도 자기만의 성격과 사고방식을 가지고 있지.

내가 만난 친구들 중에 부모님과 성격이 달라서 힘들어했던 친구가 있었어. 이 친구는 고군분투형 성격이었어. 이 친구의 일상은 정말 빡빡했어. 아침부터 늦은 밤까지 학원을 다녔고, 학원에서 내주는 과제 양도 엄청났지. 밤 10시가 넘어 집에 와서 과제를 하다 보면 거의 12시가 넘어 잠자리에 들었어. 그런데 문제는 여기서 끝이 아니야. 공부로 힘든 와중에 딴짓이라도 할까봐 어머니가 자꾸 방을 들여다보거나 공부하는 것을 확인했어.

책상에는 앉아 있지만, 이 친구의 마음은 늘 불안했어. '엄마가 또 보는 거 아니야? 공부 안 하고 있다고 혼나는 거 아닐까?' 그리고 사실 공부하고 싶은 마음보다는 학교 친구들과 놀고 싶고, 좀 쉬고 싶은 마음이 훨씬 컸지.

드디어 이 친구는 혼자 힘들어하기를 멈추고 상담실을 찾아왔어. 힘들다고 솔직하게 말하고 도움을 청하는 용기를 낸 거야.

"현쌤, 우리 엄마 좀 말려주세요. 저, 공부에 집중할 수 있게 해주세요."

나는 이 친구는 물론이고 어머님과도 깊이 이야기를 나눴어. 어머님께는 지금은 아이에게 공부보다 '쉬는 것'이 필요하며 좀 더 '믿고 맡기는 것'이 이 친구의 성장에 도움이 될 거라고 조심스럽게 말씀드렸지. 어머님도 사랑하고 걱정하는 마음으로 자꾸 확인했겠지만, 때로는 그러한 행동이 자녀에게 큰 부담과 불안이 될 수 있다는 것을 이해시켜드렸어. 부모님들이 자녀에게 하는 이야기들도 결국은 자신의 경험을 토대로 하는 거라서 요즈음 방식과는 좀 다를 수 있고, 세대 차이가 날 수 있다는 것도 이야기했어. 아이가 하는 일에 집중할 수 있도록 지지해달라고도 했지. 이것이 이 친구에게 큰 힘이 되었어.

그리고 이 친구에게는 쉬는 시간을 주면서, 동시에 스스로 자기 공부를 계획하고 이어나가는 '학습 포트폴리오' 작성 방법을 알려주었어. 하루 학습 분량을 정해서 스스로 해보고, 다 해냈을 때는 자기 자신을 칭찬해주면서 '나는 할 수 있다!'는 자기 효능감을 느끼도록 도왔지.

결과가 어땠을까? 학원 다니는 시간을 줄이고 스스로 공부하는 시간을 가지자, 이 친구가 '스스로' 공부하는 방법을 깨닫기 시작했어. 스스로 계획하고 해내는 공부에 재미를 느꼈어. 부족한 부분은 학교 공부로 채우고, 그래도 부족한 부분은 스스로 판단해서 학원을 다니는 놀라운 변화가 일어났어.

이처럼 서로의 다름을 인정하고 이해하려고 노력하는 작은 용기가 나와 부모님 사이의 벽을 허물고 집안 분위기를 훨씬 편안하게 만들어. 집에서 마음이 편안하고 부모님과 소통이 잘 되면, 그만큼 내 마음도 단단해지고 공부할 때 쓸 수 있는 에너지도 많아지고 스트레스도 덜 받게 되지. 이게 바로 부모님과의 성격 차이를 이해하고 관계를 개선하려는 노력이 공부에 얼마나 큰 영향을 끼치는지 보여주는 부분이란다.

자, 이제 우리는 '나'를 이해하는 것뿐만 아니라 '나와 부모님의 관계' 속에서 나를 이해하는 아주 중요한 시간을 가졌어. 힘들게만 느껴졌던 부모님과의 관계가 성격과 행동 방식의 다름 때문일 수 있다는 걸 알고 나니 조금은 마음이 편해졌을까?

4. 세상을 보는 나만의 마음 필터는 무슨 색일까?

친구야, 혹시 색깔이 들어간 안경을 껴 본 적 있니? 빨간색 셀로판지 안경을 끼면 세상이 온통 빨갛게 보이고, 파란색 셀로판지 안경을 끼면 세상이 파랗게 보이잖아. 우리 마음에도 그런 필터가 하나씩 달려 있다고 생각해봐. 마치 카메라 렌즈에 끼우는 필터처럼 말이야. 어떤 친구는 세상을 볼 때 긍정 필터를 끼고 보고, 어떤 친구는 걱정 필터를 끼고 보고, 또 어떤 친구는 재미 필터를 끼고 보고…. 이렇게 사람마다 다 다른 '마음 필터'를 가지고 있어.

마음 필터는 우리가 특정한 상황을 만났을 때 그걸 어떻게 느끼고, 생각하고, 반응하는지에 아주 큰 영향을 미친단다. 예를 들어볼까?

비가 오는 날 어떤 친구는,

"아, 비 온다. 축축하고 기분도 다운되는 것 같아. 밖에 나가기도 싫고, 괜히 마음이 울적해지는걸."(우중충 필터)

그런데 다른 어떤 친구는,

"와, 비 온다. 촉촉하니 분위기 좋다. 따뜻한 차 한잔 마시면서 창밖 보기에 딱이네. 빗소리 들으니까 마음이 차분해지는 것 같아."(운치 필터)

똑같은 비인데도 어떤 마음 필터를 끼고 보느냐에 따라 느끼는 기분이 완전히 다르지? 공부할 때도 마찬가지야.

어려운 문제를 만났을 때 어떤 친구는,

"아, 뭐야 이거! 너무 어려워. 해도 안 될 거야. 그냥 포기할까?"(포기 필터)

그런데 다른 어떤 친구는,

"아, 이거 좀 어렵네. 어떻게 푸는 거지? 일단 한번 풀어봐야겠다."(도전 필터)

똑같이 어려운 문제를 만났지만, 어떤 마음 필터를 가지고 있느냐에 따라 반응이 완전히 달라져. 포기 필터를 가진 친구는 금방 좌절하겠지만, 도전 필터를 가진 친구는 오히려 그 문제를 통해 배우고 성장하는 기회를 만들 수 있어.

앞에서 4가지 성격(행동형, 규범형, 탐구형, 이상형) 이야기를 했지? 성격도 우리의 마음 필터에 영향을 미칠 수 있어. 규범형 친구는 규칙과 질서를 중요하게 보는 정돈 필터가 강할 수 있고, 이상형 친구는 사람들의 감정에 집중하는 공감 필터가 강할 수 있지. 그리고 부모님과의 관계 이야기도 했잖아? 부모님과의 관계나 집안 분위기도 우리의 마음 필터에 영향을 줄 수 있어. 부모님께 자주 인정받고 지지받으며 자란 친구는 '나는 소중하다'는 긍정적인 마음 필터가 강할 수 있고, 반대로 자주 혼나거나 비난받았던 친구는 '나는 부족하다'는 부정적인 마음 필터가 강하게 자리 잡을 수도 있어. 이건 어린 시절부터 길러진 습관 같은 거라서 나도 모르게 그 필터를 끼고 세상을 볼 때가 많아.

마음 필터가 공부에 미치는 영향

나의 마음 필터는 내가 공부라는 것을 어떻게 받아들이는지, 그리고 공부 과정에서 만나는 수많은 상황들에 어떻게 반응하는지에 결정적인 영향을 미쳐. 몇 가지 예를 들어볼게.

① 성장 필터 vs 고정 필터
어떤 친구는 '나는 노력하면 발전할 수 있어!'라는 성장 필터를 가지고 있어. 시험 점수가 낮거나 어려운 문제를 틀려도 '아, 여기서 배웠다! 다음엔 더 잘해야지!'라고 생각하며 다시 도전하지. 하지만 어떤 친구는 '나는 원래 공부랑 안 맞아.'라거나 '내 머리는 여기까지인가 봐.'라는 고정 필터를 가지고 있지. 이런 친구들은 조금만 어려워도 금방 포기하고 좌절하기 쉬워.

② 긍정 필터 vs 부정 필터

긍정 필터를 가진 친구는 공부하면서 작은 성공에도 기뻐하고 재미를 느끼는 반면에, 부정 필터를 가진 친구는 잘한 것보다 못한 것에 더 집중하고 '이것도 틀렸네.' 하면서 스스로를 힘들게 할 수 있어.

③ 호기심 필터 vs 지루함 필터

호기심 필터를 가진 친구는 새로운 것을 배우는 것 자체에서 재미를 느끼며 적극적으로 공부하지만, 지루함 필터를 가진 친구는 공부를 그저 따분하고 재미없는 것으로만 여기며 억지로 앉아만 있을 수 있지.

이처럼 내가 어떤 마음 필터를 가지고 있느냐에 따라 공부는 힘들지만 신나는 여행이 될 수도 있고, 끝없는 가시밭길처럼 느껴질 수도 있어.

내 마음 필터는 무슨 색일까?

자, 이제 스스로에게 질문해볼까? 나는 세상을 볼 때 주로 어떤 마음 필터를 끼고 있을까?

- 나는 잘 된 일보다 안 된 일에 더 신경 쓰는 편인가?(긍정 필터 vs 부정 필터)
- 나는 어려운 문제를 보면 '해봐야지.' 하는 마음이 먼저 들까, 아니면 '포기하고 싶다.' 하는 마음이 먼저 들까?(도전 필터 vs 포기 필터)
- 나는 새로운 것을 배울 때 설레는 마음이 클까, 아니면 귀찮고 어렵게 느껴지는 마음이 클까?(호기심 필터 vs 지루함 필터)
- 나는 나 자신에 대해 좋은 점을 더 많이 볼까, 아니면 부족한 점을 더 많이 볼까?(긍정 필터 vs 부정 필터)

이 질문들에 대한 답을 찾는 것이 바로 나의 마음 필터 색깔을 알아내는 과정이야. 정답은 없어. 그냥 마음이 가는 대로 솔직하게 스스로에게 답해봐.

나의 마음 필터를 아는 것만으로도 이미 큰 변화가 시작된 거야. '내가 이런 상황에서는 부정적으로 생각하는 버릇이 있었구나!' 하고 알아차리는 것만으로도, 다음번에는 다르게 생각해보려고 노력하는 기회가 생기거든. 늘 빨간 안경만 끼고 세상을 보다가 가끔은 노란 안경도 쓰고, 안경에 묻은 먼지도 닦아내는 것처럼 말이야. 나의 마음 필터를 깨끗하게 닦고, 때로는 다른 색깔의 필터를 끼워보는 연습을 하는 것이 바로 학습 멘탈을 긍정적이고 단단하게 만드는 아주 강력한 방법이란다.

마음 필터를 바꿀 수도 있을까?

중요한 사실은 우리가 어떤 마음 필터를 가지고 태어났든, 또는 살면서 어떤 필터가 만들어졌든 우리는 그 필터의 색깔을 바꿀 수 있다는 거야.

고등학교 1학년 여학생 친구가 있었어. 감수성이 풍부하고 공감 능력이 뛰어난 친구였지. 다른 사람의 이야기에 귀 기울이고 사람들과의 관계를 중요하게 생각하는 멋진 친구였어. 그런데 이 친구에게는 고민이 하나 있었어. 당시 영어 성적이 7등급이었지만, 영어 공부를 잘하고 싶다는 열정만큼은 정말 컸던 거야. 혹시나 하는 마음에 내가 물어봤어. "지금 가장 좋아하는 선생님이 있니?" 그러자 없다고 답했어. 그러면서 중학교 때는 과학 선생님을 좋아했고 과학 공부도 잘했다고 했어.

그래서 "너는 선생님의 영향을 크게 받는 것 같아. 지금부터

라도 영어 선생님의 좋은 점을 찾아보고 좋아해보면 어떨까?"
하고 조언했어. 당장은 영어 선생님을 좋아하기가 쉽지 않다고
해서, "그럼 2학년 때는 좋아하는 영어 선생님을 만나기를 바라
자." 하고 응원해줬지. 그런데 2학년 때도 1학년 때와 똑같은 영
어 선생님이 교실로 들어온 거야.

　실망의 그림자가 짙게 드리운 친구의 얼굴을 보며 나는 다시
한 번 말했어. "괜찮아. 실망하지 말고, 영어 선생님의 좋은 점
을 찾아내서 좋아해보자." 이 친구는 처음에는 망설였지만, 나
의 조언에 용기를 내기로 했어. 긍정 필터를 끼고 영어 선생님을
바라보기로 한 거지. 그렇게 1년여 후에 정말 신기하게도, 영어
성적이 7등급에서 3등급으로 껑충 뛰어올랐어. 영어 선생님에게
마음을 열고, 관계를 좋게 가져가면서 영어 공부에도 자연스럽
게 몰입할 수 있게 된 거야. 이 긍정적인 경험은 3학년 때까지도
이어졌어. 그러면서 이 친구는 자신도 아이들에게 긍정적인 영
향을 주는 교사가 되고 싶다는 꿈을 갖게 됐어. 그 꿈은 국립대
학교 국어교육과에 장학금을 받으며 진학하는 자랑스러운 결실
을 맺었지.

　막막하게 느껴지는 공부 앞에서 종종 "나는 안 돼." 하고 마음
속 그림자가 속삭일 때가 있을 거야. 하지만 아주 작은 마음의
변화가 엄청난 나비 효과를 불러올 수 있어. 그러니 긍정적인 마
음 필터는 정말 중요해.

자, 지금까지 세상을 보고 공부를 마주하는 나만의 마음 필터에 대해 이야기해봤어. 너의 마음 필터 색깔은 어떤 것 같니? 그리고 앞으로는 어떤 색깔의 필터를 더 자주 사용하고 싶니? 한번 차분히 생각해보는 시간을 가져보자.

계속해서, 마음 필터와 연결해서 내가 진짜 바라는 '꿈'과 '목표'를 찾는 것에 대해 이야기해볼 거야. 세상을 긍정적인 마음 필터로 바라보면 나의 꿈과 목표도 더 선명하게 보이겠지? 함께 꿈을 찾아 떠나보자!

5. 반짝이는 나의 '꿈'과 '목표' 찾기

"나는 왜 공부를 해야 할까?" 친구야, 이런 질문을 스스로에게 던져본 적 있니? 우리는 왜 공부를 해야 할까? 학교에 가야 하니까? 부모님이 하라고 하시니까? 아니면 남들이 다 하니까 나도 그냥 하는 건가?

학교는 우리가 함께 배우고 성장하는 소중한 곳이고, 부모님 말씀은 우리를 위한 조언일 때가 많아. 하지만 그것만으로는 공부라는 쉽지 않은 여정을 꾸준히 이어가기가 힘들 거야. 가끔은 '내가 지금 도대체 뭘 하고 있는 거지?' 하고 길을 잃은 느낌이 들 때도 있을 거고.

공부를 하는 가장 강력하고 신나는 이유는 바로 '나의 꿈'을 이루기 위해서야. 그 꿈을 이루기 위해 오늘, 내일 무엇을 할지 정하고 실천하는 것이 바로 '목표'를 향해 나아가는 거지.

꿈이라고 하면 너무 거창하고 어렵게 느껴질 수도 있어. "나는 아직 뭘 하고 싶은지 모르겠는데."라고 하는 친구도 많을 거야. 괜찮아! 지금 당장 꿈이 없다고 해서 불안해하거나 속상해할 필요는 전혀 없어. 꿈은 우리가 살아가면서 배우고 느끼고 경험하는 것들 속에서 조금씩 발견하고, 자라고, 때로는 꿈 자체가 바뀌기도 하거든.

그런데 혹시 가만히 생각하면 얼굴에 미소가 지어지거나, 시간 가는 줄 모르게 푹 빠져들고 재미를 느끼는 일이 있니? 어떤 어른을 보고 '와, 나도 저렇게 되고 싶다! 정말 멋지다!' 하고 생각한 적은? 혹시 세상에 어떤 좋은 영향을 주는 싶다고 생각한 적이 있니? 또는 어떤 문제를 해결하고 싶다고 생각한 적은? 크고 거창한 것 말고, 그냥 마음속에서 반짝이는 작은 것부터 하나씩 꺼내보는 거야.

- 좋아하는 그림을 그려서 사람들에게 행복을 주는 모습
- 힘들어하는 친구나 주변 사람들의 마음을 따뜻하게 위로해주는 모습
- 사람들 앞에서 내 생각이나 내가 아는 것을 재미있게 이야기하는 모습
- 맛있는 음식을 만들어서 다른 사람을 기쁘게 해주는 모습

- 매일매일 어제의 나보다 조금 더 배우고 성장하는 내 모습

이렇게 마음속에서 반짝이는 작은 조각들이 모여서 나의 꿈이라는 아름다운 그림을 조금씩 완성해갈 수도 있어. '꿈'은 내가 어떤 직업을 가지는 것을 넘어 훨씬 더 크고 넓은, 내 삶의 방향을 보여주는 나침반 같은 거야. 그리고 '목표'는 그 꿈을 향해 가는 구체적인 발걸음이야. 꿈이 저 멀리 있는 별이라면, 목표는 그 별까지 가는 길에 하나씩 밟고 가는 징검다리 같은 거지. 그러니까 아주 작은 목표부터 시작해보는 거야. 몇 가지 예를 들어볼게.

- 그림을 그려서 사람들에게 행복을 주는 모습 (꿈) → "이번 주말에 좋아하는 그림 따라 그리기 연습을 딱 30분만 해봐야지." (작은 목표)
- 힘들어하는 친구의 마음을 위로해주는 모습 (꿈) → "오늘은 가장 힘들어 보이는 친구에게 다가가 안부 물어보고 이야기를 들어줘야지." (작은 목표)
- 매일매일 성장하는 나를 보는 모습 (꿈) → "오늘은 어제보다 영어 단어 1개 더 외워야지." (작은 목표)

이렇게 구체적인 목표를 하나씩 세우고 이뤄나가는 연습을

기적의 학습 멘탈 수업

하다 보면, "와, 내가 해냈어!" 하는 성취감을 느끼게 될 거야. 그리고 그 성취감은 나로 하여금 더 큰 목표에 도전하게 할 거야. 그렇게 시간이 흐르면 결국 나의 꿈에 조금 더 가까워져 있는 스스로를 발견하게 되지.

꿈과 목표가 왜 학습에 중요할까?

앞에서 '나를 아는 것'이 왜 공부에 중요한지 이야기했었지? 나의 성격을 아는 것, 나의 마음 필터를 아는 것, 그리고 내가 어떤 꿈과 목표를 가지고 있는지 아는 것, 이 세 가지가 합쳐질 때 나의 학습 엔진에 발동이 걸려 쌩쌩 달리기 시작하는 거야. 이 세 가지가 합쳐지면,

첫째, 마음이 지치고 흔들릴 때도 포기하지 않게 돼! 공부를 하다 보면 누구나 힘들고 지치고 포기하고 싶을 때가 오거든. 이때 나만의 꿈과 목표가 있다면, 그리고 내가 그걸 향해 한 걸음씩 나아가고 있다는 걸 알고 있다면 다시 힘을 내서 일어설 수 있어. "그래, 나는 이 꿈을 이루기 위해 이걸 하는 거야. 조금만 더 힘내자!" 하고 말이지. 꿈과 목표는 힘든 순간에 나를 일으켜 세우는 가장 강력한 힘이야.

둘째, 지루했던 공부에 의미를 더해줘! 그냥 '해야 하니까' 하

는 공부는 재미없고 지루하게 느껴질 수 있어. 하지만 내 꿈과 연결된 공부는 달라. '지금 이 공부는 내가 바라는 모습을 만드는 데 꼭 필요한 과정이야.'라고 생각하면, 하나라도 더 배워야겠다는 마음이 생길 거야.

셋째, 나에게 맞는 학습 방향을 알려줘! 나의 꿈과 목표를 알면, 어떤 과목의 공부에 더 시간을 투자해야 할지, 어떤 활동에 참여할지, 어떤 경험을 쌓아야 할지 등 나에게 맞는 학습 방향을 정하는 데 도움이 돼. 모두에게 다 똑같은 길만이 정답은 아니니, 나에게 맞는 길을 찾을 수 있지.

넷째, 성취감을 느끼게 해줘! 꿈을 향해 나아가는 구체적인 목표들을 하나씩 달성할 때마다 '나 정말 잘하고 있구나!' 하는 뿌듯함과 성취감을 느끼게 될 거야. 이 긍정적인 감정은 더 열심히 공부하고 더 큰 목표에 도전하게 하는 강력한 동기가 되어주지.

내가 만난 많은 친구들이 실제로 그랬어. 그중 중학교 2학년 여학생이 있었는데, 이 친구는 예쁜 옷 입고, 머리 예쁘게 하고, 친구들과 어울리는 것을 세상에서 제일 좋아했어. 공부보다는 소위 멋 부리기에 관심이 많았지.

이 친구와 함께 '겉모습만 멋진 것'과 '겉과 속이 모두 멋진 진짜 삶'에 대해 이야기 나누는 시간을 가졌어. 그러자 이 친구에게 '아, 나도 겉모습뿐만 아니라 내면까지 멋진 사람이 되고 싶다.'는 새로운 목표가 마음속에 반짝 하고 생겼어. 마침 이 친구의 아버지가 시험 성적이 오르면 원하는 것을 사주겠다는 제안을 한 것도 공부에 집중하는 작은 계기가 되었지.

이 친구는 구체적인 공부 계획을 세웠어. 그리고 다음과 같은 계획 실천 체크를 꾸준히 해나갔지.

- '오늘 할 일' 목록(To-Do List) 만들고 하나씩 지워나가기
- 계획한 것을 얼마나 해냈는지 '매일 체크'하고 스스로에게 피드백하기
- 계획대로 못 했을 때는 왜 미루게 되었는지 '미루기 점검'을 하고 다음 계획에 반영하기
- 스스로에게 "오늘도 잘 해냈어!" 하고 '칭찬 편지' 쓰기

결과가 어땠을까? '진짜 멋있는 삶'이라는 목표를 향해 꾸준히 실천한 결과, 고등학교에 올라가서는 무려 상위 50%에서 4%로 성적을 확 끌어올렸어. 무엇보다 스스로 계획한 것을 해내는 실행력과 '나는 할 수 있다!'는 자신감을 얻었어. 나중에는 '훌륭한 선생님이 되고 싶다'는 꿈을 가지게 되었고, 그 꿈을 이루기 위해 유학까지 갔지.

자기 안에 꿈과 목표가 있는 친구들은 그렇지 않은 친구들보다 눈빛이 살아 있고, 힘든 상황이 와도 쉽게 좌절하지 않고 끈기 있게 노력하는 모습을 보였어. 꿈과 목표가 학습 엔진을 쌩쌩

달리게 하는 강력한 연료가 되어준 거지.

나의 꿈과 목표를 학습 계획서에 심어두고 매일 되새기자!

나의 마음속에서 꿈이나 목표를 하나라도 발견했다면, 그걸 더 단단하게 만들고, 또 잊지 않도록 나의 학습 계획서에 꼭꼭 심어두어야 해. 이건 정말 중요해! 눈으로 보고, 손으로 쓰고, 마음으로 되새기는 것이거든.

어떻게 하냐고? 어렵지 않아. 공부 계획 노트나 플래너의 맨 앞 페이지, 매일 보는 책상 앞, 아니면 매일 아침 눈뜨자마자 가장 먼저 보는 곳! 그곳에 내 삶의 방향을 정해주는 '나만의 다짐'을 적어서 붙여두는 거야. 바로 이렇게 말이야.

나만의 다짐

내 꿈과 목적
다른 사람의 마음을 이해하고 따뜻하게 위로해줄 수 있는 세상을 만드는 데 기여하겠다! 나중에 이 꿈을 이루기 위해 상담사, 선생님, 의사 같은 길을 가야지.

기적의 학습 멘탈 수업

이번 주 작은 목표

심리학 관련 동영상 3개 시청하기

오늘의 작은 목표

오늘 만나는 사람들에게 먼저 밝게 인사하기

나만의 다짐

내 꿈과 목적

대한민국의 행복지수를 OECD 국가 5위 안에 진입시키겠다! 우리나라는 행복지수가 낮으니, 행복한 사람들을 많이 만드는 데 기여할 거야. 꿈을 이루기 위해 나는 정치가가 되겠다.

이번 주 작은 목표

갤럽, 옥스퍼드 웰빙 연구 센터, 유엔이 협력하여 발행하는 세계행복보고서(WHR)를 일주일에 50쪽 정도 읽고, 힘닿는 대로 연관 자료 더 찾아 읽기

오늘의 작은 목표

학교 친구 3명에게 오늘 소소하게 행복했던 일 물어보기

벤자민 E. 메이스[3]는 이런 말을 남겼어.

"인생에 있어서 비극은 목표에 도달하지 못하는 데 있지 않다는 점을 명심해야 한다. 비극은 도달할 목표가 없다는 데 있다."

내 삶의 꿈(목적)과 목표를 아는 것! 이것이 얼마나 중요한지 다시 한 번 생각하게 하는 멋진 말이지? 내 꿈과 목표들을 늘 마음속에 새기고 매일 꾸준히 실천해나가면 그 과정 자체가 바로 빛나는 성장 스토리가 될 거야. 그리고 멀지 않은 미래에 꿈을 실현하기 위한 수많은 길(직업들) 중에서 나에게 가장 잘 맞는 길을 선택할 수 있을 거야.

자, 이제 꿈과 목표를 찾고 마음속에 단단히 새겼다면, 내 안에 있는 성장 필터와 도전 필터, 긍정 필터를 찾아 끼우고 꿈을 향해 신나게 달려가보자. 공부는 그 꿈을 이루는 가장 든든하고 확실한 도구가 되어줄 거야.

---

3   벤자민 E. 메이스(Benjamin Elijah Mays, 1894~1984)는 미국 침례교 목사이자 교육자로, 마틴 루터 킹 목사에게 영향을 준 인권운동가이다.

기적의 학습 멘탈 수업

6. 나를 아는 것이 학습 멘탈에 어떤 힘을 줄까?

       나를 아는 힘은 나의 학습 멘탈을 단단하게 만드는 마법 같은 힘을 가지고 있어. 구체적으로 어떤 힘들이 있는지 하나씩 이야기해줄게.

    첫째, 내 안에 숨겨진 '강점'을 발견하고 그걸 공부에 적극 활용하게 해줘! 앞에서 나만의 특별한 성격(행동형, 규범형, 탐구형, 이상형 등 4가지 유형)을 탐험했잖아? 그리고 모든 성격에는 공부에 도움이 되는 아주 멋진 강점들이 숨어 있다고 했지? '나'를 알면 바로 그 강점들을 발견할 수 있어. '나는 혼자 조용히 깊이 파고드는 걸 좋아하니까(탐구형) 문제집 한 권을 끝까지 해내는 공부에 강하겠구나', '나는 계획을 세우고 그걸 잘 지키는 편이니까(규범형) 학습 계획을 꼼꼼히 짜서 실천하면 공부 효율이 크게 오르겠구나', '나는 친구들이랑 이야기하면서 에너지를 얻으니까 (이상형) 스터디 그룹에서 서로 설명해주면서 공부하는 게 잘 맞겠구나'처럼 말이야.

나의 강점을 알면 "나는 왜 공부를 못 할까?" 하고 좌절하는 대신, "나는 이런 부분이 강하니까 이 강점을 살려서 이렇게 공부해볼까?" 하고 긍정적으로 생각하게 돼. 마치 운동선수가 자기 주특기를 살려서 경기를 풀어가는 것처럼 말이야. 나에게 맞는 신발을 신고 편안한 옷을 입고 뛰는 것처럼 공부가 훨씬 덜 힘들게 느껴질 거야. 나의 강점을 아는 것! 이게 바로 효과적인 학습 전략을 짜는 첫걸음이야.

둘째, 나에게 부족하거나 어려운 부분이 있더라도 그걸 문제 해결의 기회로 삼게 해줘! 나를 탐험하다 보면, 내가 어떤 부분에서 어려움을 느끼고, 부족하다고 생각하는지를 발견하게 될 거야. 왜 나는 자꾸만 미룰까? 왜 집중하기가 힘들까? 왜 실수가 많을까? 이런 고민들이 우리를 힘들게 할 수 있어. 하지만 나를 이해하는 힘은 이런 부족한 부분들을 보고 "나는 안 돼." 하고 좌절하게 만드는 대신, "나는 이런 부분에서 어려움을 느끼는구나. 그럼 이 부분을 어떻게 하면 좀 더 잘할 수 있을까? 책에 나온 방법들을 한번 시도해볼까?" 하고 움직이게 만들어줘. 마치 탐험가가 어려운 장애물을 만났을 때 포기하지 않고 "이걸 어떻게 넘어갈까?" 하고 해결 방법을 찾는 것처럼 말이야.

기적의 학습 멘탈 수업

나의 어려움을 똑바로 바라보고 극복하기 위한 구체적인 방법들을 찾는 것! 이것이 나를 훨씬 더 강하고 단단하게 만들어줄 거야. "나는 지금 어려움이 있지만, 이걸 해결하기 위해 노력하고 있어!" 하고 긍정적인 태도를 갖게 되는 거지.

셋째, 실패하거나 좌절하더라도 '괜찮아. 나는 다시 일어설 수 있어.' 하고 씩씩하게 다시 시작하는 회복 탄력성을 길러줘! 아무리 강한 사람도 넘어질 때가 있어. 공부도 마찬가지야. 열심히 했는데 시험 점수가 기대보다 낮거나, 아무리 해도 문제가 풀리지 않아서 포기하고 싶을 때가 있어. 나를 이해하는 힘은 바로 이런 순간에 진가를 발휘해. 나의 성격적인 강점, 나는 성장할 수 있다는 믿음(성장 마인드셋), 나의 소중한 꿈과 목표를 떠올리면서 다시 시작할 용기를 줘.

실패했다고 해서 무기력에 빠지지 않고, "여기서 뭘 배울 수 있을까? 다음에는 어떻게 하면 넘어지지 않고 나아갈 수 있을까?" 하며 배우고 다시 시도하는 힘! 이게 바로 단단한 학습 멘탈의 핵심인 회복 탄력성이야. 나를 아는 것에서부터 이 회복 탄력성이 시작되지.

넷째, 억지로 끌려가는 공부가 아니라, 내 마음이 움직이는 의미 있는 공부를 하게 되면서 공부에 대한 즐거움과 성취감을 느끼게 해줘! 나를 이해하기 전에는 공부는 그냥 해야 하는 것, 지루한 것으로만 느껴졌을 수도 있어. 하지만 나의 성격, 마음 필터, 그리고 내가 진심으로 바라는 꿈과 목표를 알면 공부가 다르게 보이기 시작해. 공부가 나의 강점을 살릴 수 있는 기회이며, 내가 세상을 바라보는 방식을 긍정적으로 만들 수 있는 힘이 되어주고, 무엇보다 나의 꿈을 이루기 위해 꼭 필요한 과정이라는 것을 깨닫게 되거든. 이때부터 공부는 단순히 점수를 올리기 위한 지루한 과제가 아니라, 나를 성장시키고 나의 꿈에 한 걸음 더 가까워지게 만드는 '의미 있는 여정'이 돼. 의미를 찾게 되면 지루했던 내용도 흥미롭게 느껴지고, 어려운 문제도 도전하고 싶어지지. 이 긍정적인 감정들이 바로 학습 멘탈을 건강하게 유지시켜주는 비타민 같은 역할을 한단다.

다섯째, 힘든 순간에도 포기하지 않고 꾸준히 나아가게 하는 나만의 동기 엔진을 얻게 해줘! 나를 깊이 있게 이해하는 것은 스스로 움직이게 하는 '나만의 동기 엔진'을 선물해줘. 외부에서 "공부해라!" 하고 미는 힘이 아니라, 내 안에서 "하고 싶다!" 하고 솟아나는 힘 말이야.

나의 강점을 알고, 어려움을 극복하는 방법을 배우고, 넘어져도 다시 일어설 수 있다는 것을 믿고, 내가 왜 이 공부를 하는지 명확하게 안다면 누가 시키지 않아도 스스로 책상 앞에 앉고, 어려운 문제에 도전하고, 어제의 나보다 조금이라도 더 성장하기 위해 노력하게 될 거야. 나만의 동기 엔진은 그 어떤 외부적인 보상이나 징벌보다 강력하고 오래가는 힘을 가지고 있단다.

기적의 학습 멘탈 수업

이처럼 나를 이해하는 힘은 주변의 어떤 시선이나 마음속 불안에도 쉽게 흔들리지 않는 아주 단단하고 건강한 학습 멘탈을 가질 수 있게 해줘. 그리고 공부를 넘어 앞으로 살아가면서 마주하게 될 수많은 도전과 어려움을 씩씩하게 헤치고 나가 새로운 기회를 잡을 수 있는, 세상에서 가장 강력한 무기가 되어줄 거야.

공부가 아니라
마음이 문제였다

공부를 방해하는 마음속 그림자들

자, 이제까지 우리는 왜 나를 아는 것이 공부에 중요한지 이야기했어. 그리고 나는 어떤 성격인지, 나에게 맞는 공부 방법은 무엇인지, 주변 사람들과 어떻게 관계 맺고 있는지, 꿈과 목표는 무엇인지 등을 알아보는 시간을 가졌어. 나를 찾아 떠나는 신나는 여행을 한 셈이지. 이 여행을 통해 내 안에 숨겨진 보물들을 발견하고 그 지도를 손에 쥐게 되었고.

그런데 말이야, 우리가 아무리 훌륭한 지도를 가지고 있어도, 길을 가다 보면 예상치 못한 어려움을 만날 수 있잖아? 마치 게임에서 레벨이 오를수록 더 강한 몬스터들이 나타나는 것처럼 말이야. 공부라는 여정도 마찬가지야. 나를 알고 나만의 공부 방법을 찾았다고 해서 모든 게 술술 풀리지는 않아. 자꾸만 우리의 발목을 잡고, "그만 포기해." 하고 속삭이는 무언가가 나타나거든. 이게 바로 공부 방해꾼이자 우리 마음속에 숨어 있는 '그림자들'이야. 때로는 공부를 하려고 책상에 앉았는데, 어깨 위에 스르륵 앉더니 "오늘 날씨 좋다. 놀러 갈까?" 하고 속삭이는 작은 악마 같기도 해.

이 그림자들은 눈에는 보이지 않지만 따라다니면서 우리를 힘들게 해. 시험만 생각하면 심장이 쿵쾅거리고, 오늘 할 일을 내일로 미루게 만들고, 급기야는 '나는 왜 이렇게 못났을까?' 하고 자책하게 만들어. 하지만 게임에서 강한 몬스터를 물리쳐야 다음 단계로 넘어갈 수 있고 멋진 보상을 받을 수 있는 것처럼, 마음속 그림자들의 진짜 모습을 똑바로 마주 볼 때, 비로소 그림자들을 물리치고 더 단단한 학습 멘탈을 만들 수 있어. 자, 이제 용기를 내서 우리 마음속 공부 방해꾼들의 정체를 파헤치러 가볼까?

1. 안녕, 내 마음속 그림자들아

친구야, 혹시 이런 경험 해본 적 있어?

- 내일이 시험이라 공부를 해야 하는데, 이상하게 자꾸만 다른 생각이 나고 책상 앞에 앉아 있기가 힘들어.
- 문제집을 풀다가 모르는 문제가 나오면 "아, 역시 난 안 돼." 하고 공부할 의욕이 싹 사라져.
- 발표를 하려고 하면 목소리가 떨리고 머릿속이 하얘져.
- 과제를 해야 한다는 걸 알면서도 자꾸만 "내일 하자." 하고 미루다가 결국 전날 밤에 허둥지둥하게 돼.

아마 대부분의 친구들이 이런 경험을 한 번쯤은 해봤을 거야.

어쩌면 지금 이 순간에도 이런 마음 때문에 공부가 힘들 수도 있어. 공부할 때 자꾸만 우리를 방해하고 힘들게 하는 것들! 이것들이 바로 우리의 공부를 방해하는 '마음속 그림자들'이야. 이 그림자들은 눈에 보이는 모습은 없어. 하지만 우리 마음속에서 몰래 힘을 쓰면서 우리를 불안하게 만들고, 자신감을 떨어뜨리고, "그냥 포기해." 하고 속삭여. 때로는 너무 강력해서 우리의 기분을 엉망으로 만들기도 해.

그런데 말이야, 이런 그림자들이 왜 나타나는 걸까? 우리가 약해서? 게을러서? 아니면 뭔가 잘못해서? 아니야! 절대 아니야! 이 그림자들은 우리가 살아가는 동안 새로운 것을 배우고, 도전하고, 관계를 맺는 과정에서 자연스럽게 생겨나는 마음의 반응들이야. 새로운 도전을 할 때 불안함을 느끼는 것도, 잘하고 싶은 마음에 완벽해야 한다고 생각하는 것도, 힘들 때 잠시 쉬고 싶어서 미루는 마음이 드는 것도 아주 자연스러운 우리 마음의 모습이야. 그리고 이런 마음속 그림자들은 나에게만 있는 특별한 것이 아니야. 많은 친구들이 공부할 때 마음속 그림자 때문에 힘들어하고 고민하거든.

그런데 우리 친구들은 도대체 어떤 마음속 그림자 때문에 힘들어할까? 나는 아주 특별한 방법으로 이 질문에 대한 답을 찾아봤어. 바로 전국의 수많은 청소년 친구들이 학교 및 상담 기관에서 받은 학습 상담 자료들을 모아서, 거기에 담긴 친구들의 이야기 속 단어들을 분석했어. 이게 바로 텍스트마이닝이라는 분석 방법이야. 연구자들이 사용하는 과학적인 분석 방법이지. 친구들이 선생님께 상담하면서 털어놓았던 솔직한 이야기들, 예를 들면 '공부하기 힘들어요', '시험만 보면 떨려요', '부모님이랑 자꾸 싸워요', '친구 때문에 신경 쓰여요' 등의 이야기 속에 숨겨진 진짜 고민들을 텍스트마이닝 방법을 사용해 분석한 거야.

자, 그러면 우리 친구들이 공부 때문에 상담실을 찾아가서 가장 많이 이야기했던 마음속 그림자들은 어떤 모습이었을까? 대표적인 몇 가지를 간단히 이야기해볼게.

① 불안이라는 이름의 그림자

우리 친구들이 공부 때문에 상담을 받을 때 가장 많이 이야기했던 그림자 중 하나는 바로 불안이었어. 특히 '시험'이나 '성적'이라는 단어와 함께 '떨려요', '무서워요', '걱정돼요' 같은 감정 표현이 자주 나타났어.

- "다음 주가 시험인데, 생각만 해도 심장이 뛰고 손에 땀이 나요."
- "공부를 안 한 것은 아닌데, 성적이 떨어질까 불안해요."
- "발표 때문에 사람들 앞에 서는 게 너무 무서워요."

불안이라는 그림자는 우리 친구들의 마음을 자꾸만 움츠러들게 만들고, 머릿속을 하얗게 만들어서 아는 것도 제대로 못하게 만들 때가 많아. 심하면 배가 아프거나 머리가 아픈 것처럼 신체적 증상으로 나타나기도 하고.

② 동기 부족이라는 무거운 그림자

또 아주 흔하게 나타난 그림자는 동기 부족이었어. 친구들의 이야기 속에 '해야 하는데', '하기 싫어요', '왜 해야 하죠?', '재미없어요' 같은 말도 자주 등장했어.

- "책상에 앉아는 있는데, 딴생각만 나고 공부가 재미없어요."
- "왜 이렇게까지 열심히 공부해야 하는지 모르겠어요."
- "그냥 다 귀찮고 아무것도 하기 싫어요."

동기 부족 그림자는 우리 친구들의 마음속에서 '하고 싶다!'는 엔진을 자꾸만 꺼뜨리려고 해. 공부를 해도 아무런 재미를 못 느끼고, 결국 자꾸만 미루거나 포기하게 만들지. 꿈이나 목표가 희미할 때 더 강하게 나타나기도 해.

③ 관계의 어려움이라는 복잡한 그림자

이 연구에서 가장 흥미로웠던 점은, 공부 때문에 상담을 받는

기적의 학습 멘탈 수업

친구들의 이야기 속에 '부모님', '친구', '선생님'과의 관계에 대한 고민이 아주 많았다는 거야.

- "부모님이 자꾸 성적 가지고 잔소리하셔서 너무 스트레스 받아요."
- "친구 때문에 신경 쓰여서 공부에 집중이 안 돼요."
- "선생님이랑 사이가 안 좋아서 학교 가기가 싫어요."

이렇듯 주변 사람들과의 관계에서 오는 어려움도 우리의 학습 멘탈을 흔드는 중요한 그림자가 될 수 있어. 마음이 불편하고 복잡하면 공부에 집중하기가 힘들어지니까 말이야.

④ 미래/진로 걱정이라는 막막한 그림자

우리 친구들 이야기 속에 '미래', '진로', '대학교', '직업' 같은 단어들도 자주 나타났는데, 이 단어들은 '걱정', '불안', '막막해요' 같은 감정 표현과 연결되는 경우가 많았어.

- "내가 뭘 잘하는지 모르겠는데, 벌써 진로를 정해야 한다는 생각에 너무 불안해요."
- "앞으로 어떻게 살아야 할지 막막하고, 지금 공부하는 게 미래에 도움이 될까 싶어요."

● "대학 입시 때문에 너무 스트레스 받아요."

미래에 대한 불확실성과 걱정은 우리 친구들의 마음을 무겁게 누르는 그림자가 될 수 있어. 지금 하고 있는 공부가 미래와 연결되지 않는다고 느껴지면 동기 부족으로 이어지기도 하고. 이 외에도 학업 기술 부족(공부 방법을 잘 모르는 것), 자기 조절의 어려움(계획을 세워도 지키기 힘든 것), 건강 문제(몸이 아프거나 피곤한 것) 등 다양한 그림자들이 우리 친구들의 학습을 방해하고 있지.

우리 친구들의 마음속 그림자들에 대한 이야기를 들어보니, 어떤 생각이 드니? "이거 완전 내 이야기인데!" 하고 무릎을 탁쳤을까? 아니면 "음, 나에게도 이런 그림자가 조금씩 있네." 하고 깨닫게 되었을까? 기억해줘! 마음속 그림자들은 우리가 약하거나 이상해서 생긴 게 절대 아니야. 우리 친구들이 성장하는 과정에서, 공부라는 도전을 마주하면서, 그리고 복잡한 세상을 살아가면서 누구나 만날 수 있는 아주 흔한 마음의 모습들이란다. 중요한 건 이런 그림자들 때문에 너무 힘들어하거나 숨으려고 하지 않는 태도야. 그림자들의 정체를 똑바로 아는 것, 그리고 '나만 이런 게 아니구나.' 하고 공감하고 위로받는 것! 이것이 바로 그림자들을 물리치기 위한 첫걸음이야.

2.　학습 불안
: 심장도 머리도 두근두근

　　친구야, 혹시 내일이 시험인데, 생각만
해도 심장이 쿵쾅쿵쾅 빨리 뛰고, 손에 땀이 나고, 배가 살살 아
프거나 머릿속이 하얘지는 경험을 해본 적 있니? 발표를 하려
고만 하면 목소리가 떨리고 다리가 후들거려서 아무 말도 할 수
가 없었던 경험은? 이런 마음 상태를 우리는 '불안'이라고 불러.
그리고 불안이 학습과 관련된 상황에서 나타날 때, 이것을 '학습
불안'이라고 해.
　　우리 친구들이 공부 때문에 상담했던 내용을 분석해보니, 불
안이라는 그림자가 정말 자주 등장했어. 특히 '시험'이라는 단어
와 함께 '떨려요', '무서워요', '걱정돼요' 같은 감정 표현이 많이
나왔고, '성적'이라는 단어 옆에도 '불안', '걱정'이라는 단어가 찰

싹 붙어 있었어. 이건 우리 친구들이 시험과 성적 앞에서 얼마나 많이 불안해하는지를 보여주는 중요한 결과지. 학습 불안은 마치 우리 마음속에서 "실패하면 어떡하지?" 하고 자꾸만 속삭이는 작은 목소리와도 같아. 평소에는 아주 작게 들리다가 시험이 다가오거나 어려운 문제를 만났을 때 갑자기 커져서 우리의 마음을 불안함으로 가득 채워버리곤 하지. 이런 학습 불안 그림자는 여러 가지 모습으로 나타날 수 있어.

시험 불안 가장 흔한 학습 불안의 모습이야. 시험 전이나 시험 중에 너무 긴장해서 아는 문제도 틀리거나, 시간이 부족하게 느껴지거나, 머리가 하얘지는 경험을 하게 만들어.

발표 불안 사람들 앞에서 발표할 때 너무 떨리고 긴장해서 실력 발휘를 못 하게 만들어.

수행평가 불안 발표, 토론, 조별 활동 같은 수행평가를 할 때 평가받는다는 생각에 불안함을 느끼는 거야.

학업 실패 불안 공부를 시작하기도 전에 '어차피 잘 안 될 거야' 또는 '실패하면 어떡하지?' 하고 미리 걱정하면서 시도조차 못 하게 만드는 불안함이야.

학습 불안은 우리의 생각, 감정, 그리고 몸에까지 영향을 미쳐.

생각 '망했어', '분명 떨어질 거야', '다른 친구들은 다 잘하는데 나만 못 해' 같은 부정적인 생각이 꼬리에 꼬리를 물게 만들어.

감정 초조함, 긴장감, 두려움, 걱정 같은 불편한 감정들을 느끼게 하지.

몸 심장 두근거림, 손 떨림, 식은땀, 배탈, 두통, 잠을 못 자는 것 같은 신체적인 증상으로 나타나기도 해.

상담실로 나를 찾아온 친구들 중에도 학습 불안 때문에 힘들어하는 친구들이 정말 많았어. 어떤 친구는 시험지만 받으면 갑자기 눈앞이 깜깜해져서 한 글자도 못 읽겠다고 했고, 어떤 친구는 발표 전날 밤새 한숨도 못 잤어.

왜 학습 불안이라는 그림자가 나타날까?

학습 불안은 여러 가지 이유 때문에 나타날 수 있어.

실패에 대한 두려움 잘하고 싶은 마음이 큰데, 혹시 실수하거나 실패해서 사람들에게 실망을 주거나 비난을 받을까 우려하는 마음이 불안으로 이어지는 경우가 많아.

완벽주의 성향 모든 것을 완벽하게 잘 해내야 한다는 생각이 강하면, 스스로 조금의 실수도 용납하지 못하고 불안할 수 있어.

부정적인 경험 과거에 시험이나 발표에서 안 좋은 경험을 했다면, 비슷한 상황을 마주했을 때 또다시 실패할까 봐 불안함을 느낄 수 있어.

주변의 기대 부모님이나 선생님의 기대가 크다고 느낄 때, 그 기대를 충족시키지 못할까 봐 불안해하기도 해.

준비 부족 충분히 준비하지 못했다는 생각 때문에 불안함이 커지기도 해.(하지만 완벽하게 준비해도 불안한 친구들도 많아.)

중요한 건, 학습 불안 그림자는 우리가 약하거나 능력이 없어서 나타나는 게 아니라는 거야. 오히려 잘하고 싶은 마음이 너무 크거나, 완벽하게 해내고 싶어 하는 성향 때문에 나타나지. 마치 높이뛰기 선수가 더 높이 뛰어오르려고 긴장하는 것처럼 말이야. 하지만 학습 불안 그림자는 그냥 내버려두면 우리가 능력을 제대로 발휘하지 못하게 방해하고, 공부 자체를 피하고 싶게 만들 수 있어. 그러니 우선은 학습 불안 그림자를 똑바로 마주하고 그 이유를 찾아보는 것이 좋아. 그런 다음 학습 불안 그림자를 물리칠 방법을 찾아 실천에 옮겨야겠지? 그 방법에 대해서는 이 책 3장에서 상세하게 이야기해줄게.

3. 동기 부족
: 왜 공부를 해야 할까?

　　　　친구야, 혹시 책상에 앉아는 있는데 자꾸만 창밖만 보거나, 스마트폰만 만지작거리거나, '이걸 왜 해야 하지?' 하고 공부할 이유를 도무지 모르겠는 경험을 해본 적 있니? 아니면 예전에는 공부에 나름 흥미가 있었는데, 언젠가부터 아무런 재미를 못 느끼고 그냥 억지로 끌려가듯 공부하고 있지는 않아?

　이렇게 공부하고 싶은 마음이 사라지고 왜 공부를 해야 하는지에 대한 답을 찾기 힘들 때, 우리는 '동기 부족' 상태라고 이야기해. 마치 자동차에 연료가 떨어져서 시동이 걸리지 않는 것처럼, 마음속 공부 엔진에 동기라는 연료가 떨어진 상태라고 할 수 있어. 실제로 많은 친구들이 학습 상담에서 '해야 하는데 하기 싫어요', '재미없어요' 같은 말과 함께 '왜 해야 하죠?' 하는 질문들을 했어. 공부를 해야 한다는 것은 잘 알고 있지만, 마음속에서 우러나오는 '하고 싶다'는 힘이 부족해서 그런 거지.

　동기 부족 그림자는 우리 어깨 위에 앉아서 자꾸만 '아, 귀찮다~', '이거 해봤자 소용없어~', '그냥 나중에 할까?' 하고 속삭이는 나태함의 요정 같기도 해. 처음에는 작은 속삭임으로 시작하지만 점점 더 강해져서 우리를 책상에서 멀어지게 하고, 해야 할 일을 미루게 만들지.

동기 부족 그림자는 왜 나타날까?

　동기 부족 그림자가 나타나는 이유는 아주 다양한데, 크게 몇 가지로 정리하면 다음과 같아.

　목표가 희미할 때　꿈과 목표는 공부의 강력한 엔진이야. 그런데 꿈과 목표가 희미하거나 내가 왜 공부해야 하는지 스스로 답을 찾지 못하면 동기라는 연료가 부족해질 수밖에 없어. '내가 이걸 왜 하고 있지?' 하고 길을 잃은 느낌이 들 때 동기 부족 그림자가 나타나기 쉬워.

공부가 재미없게 느껴질 때 배우는 내용이 너무 어렵거나, 지루하거나, 나랑 아무런 관련이 없다고 느껴질 때 흥미가 뚝 떨어질 수 있어. 흥미를 잃어버리면 '하고 싶다'는 마음도 자연스레 사라지겠지?

반복된 실패 경험 아무리 노력해도 성적이 오르지 않거나 실패 경험이 반복되면 '해봤자 소용없구나.' 하고 생각하게 되면서 동기가 사라질 수 있어. 무기력이라는 더 큰 그림자로 이어지기도 하고.

번아웃(Burnout) 너무 오랫동안 쉬지 않고 달리거나, 스트레스가 심하면 몸과 마음이 지쳐서 '아무것도 하고 싶지 않아.' 하는 상태가 될 수 있어. 에너지가 방전되면 동기도 사라지겠지?

주변 환경의 영향 친구들이 다 공부를 안 하는 분위기이거나, 부모님의 잔소리나 압박이 심할 때도 공부하고 싶은 마음이 사라질 수 있어.

나의 성격이나 마음 필터 어떤 성격 유형(예를 들면, 반복적인 것을 지루해하는 행동형)이나 부정적인 마음 필터(예를 들면, '해봤자 안 될 거야.'라는 생각)도 동기 부족에 영향을 줄 수 있어.

　　중요한 건, 동기 부족 그림자는 게으르거나 나쁜 학생이라서 생기는 게 아니라는 거야. 우리가 살아가는 동안 누구나 언제든 마주칠 수 있는 아주 자연스러운 마음 상태일 뿐이야. 하지만 동기 부족 그림자를 그냥 내버려두면 공부를 아예 놓아버리거나, 해야 할 일을 자꾸만 미루는 습관으로 이어질 수 있어. 성장과 꿈을 향해 나아가는 우리의 발걸음을 멈추게 만들 수 있지. 그러니 우선은 동기 부족 그림자를 똑바로 마주하고 그 이유를 찾아보는 것이 좋아. 이유를 아는 것만으로도 '아, 나만 이런 게 아니구나.' 하고 위로가 될 거야. 또 문제 해결을 위해 한 걸음 내딛은 것이기도 해.

4. 자존감 부족
: 나는 왜 이럴까?

　　친구야, 혹시 공부하다가 어려운 문제를 만났을 때, 또는 시험 점수가 안 나왔을 때 '나는 머리가 나쁜가 봐.' 또는 '나는 아무리 노력해도 안 되나 봐.' 하고 스스로를 형편없다고 생각한 적 있니? 다른 친구들이 발표하거나 질문하는 것을 볼 때 '와, 저 친구는 정말 똑똑하다. 나는 저렇게 못하는데.' 하고 나 자신과 비교하면서 점점 작아지는 느낌을 받아본 적은?

　이렇게 스스로에 대해 부정적으로 생각하고 자신의 가치를 낮게 평가하는 것을 자존감이 낮다고 해. 그리고 나는 잘 해낼 수 있다고 스스로를 믿는 마음, 이걸 '자기 효능감'이라고 하는데, 보통은 자존감이 낮을수록 자기 효능감도 낮은 경우가 많

아. 자존감을 갉아먹는 그림자는 우리 마음속에서 자꾸만 '나는 부족해', '나는 실패할 거야', '나는 쓸모없어' 하고 속삭이는 목소리와도 같아. 나는 우리 친구들의 이야기 속에 숨겨진 마음들을 살펴보면서, 이 자존감 그림자가 다른 그림자들과 아주 깊이 연결되어 있다는 것을 알 수 있었어. 예를 들어 '나는 아무리 해도 안 돼!'라는 생각은 동기 부족으로 이어지고, '실패하면 어떡하지?'라는 마음은 불안으로 이어지곤 했어. 자존감을 갉아먹는 그림자는 다른 공부 방해꾼 그림자들의 힘을 더 세게 만드는 아주 나쁜 친구인 셈이지.

자존감을 갉아먹는 그림자는 공부에 어떤 영향을 미칠까?

자존감을 갉아먹는 그림자는 우리의 공부에 정말 치명적인 영향을 줄 수 있어.

도전을 피하게 만들어 "어차피 실패할 텐데 뭐." 하면서 새로운 것을 배우거나 어려운 문제에 도전하려는 마음을 잃게 만들어. 시작하기도 전에 포기하게 만들지.

작은 실패에도 크게 좌절하게 만들어 열심히 했는데 결과가 좋지 않으면 "역시 나는 안 돼." 하고 크게 실망하면서 다시 시도할 용기를 잃게 돼.

부정적인 생각에 빠지게 만들어　잘한 것보다 못한 것에 집중하고, 스스로의 단점만 크게 보이게 해서 계속해서 자신을 비난하게 만들어.

동기를 약하게 만들어　'나는 해도 안 되는 사람'이라고 생각하니, 노력할 이유도 찾지 못하고 공부에 대한 흥미도 잃게 되지. (→ 동기 부족 그림자와 연결)

불안함을 키워　'나는 부족하니까 분명 실수할 거야.'라는 생각 때문에 불안감이 더 커지고, 시험이나 발표 상황에서 더 심하게 떨게 만들어. (→ 학습 불안 그림자와 연결)

자존감을 갉아먹는 그림자는 우리 친구들이 가진 잠재력과 가능성을 스스로 믿지 못하게 만들어서, 공부라는 날개를 제대로 펼치지 못하게 방해하는 아주 위험한 그림자야.

왜 자존감을 갉아먹는 그림자가 나타날까?

자존감을 갉아먹는 그림자는 다양한 이유로 우리 마음속에 자리를 잡아. 대표적인 이유 몇 가지를 살펴보면 다음과 같아.

반복된 실패 경험 공부나 다른 활동에서 실패 경험이 반복되면 '나는 잘 못하는 사람이야.'라고 생각하게 되면서 자존감이 낮아질 수 있어.

부정적인 평가나 비난 부모님, 선생님, 친구들로부터 "너는 왜 이것밖에 못 하니?", "그것도 못 하냐?"와 같은 부정적인 평가를 자주 들으면 스스로의 가치를 낮게 여기게 돼.

과도한 비교 끊임없이 다른 친구들과 나를 비교하면서 나의 부족한 점에 집중할 때 자존감이 낮아지기 쉬워. 세상에는 나보다 잘하는 사람도 있고 못하는 사람도 있는데 말이야.

완벽주의 모든 것을 완벽하게 해내야 한다는 생각 때문에 작은 실수에도 스스로를 용서하지 못하고 자존감이 낮아질 수 있어. (→ 완벽주의 그림자와 연결)

긍정적인 경험 부족 무언가를 잘 해내고 인정을 받은 긍정적인 경험이 부족할 때 자존감이 낮아지기도 해.

자존감을 갉아먹는 그림자는 우리 친구들이 가진 잠재력과 가능성을 스스로 믿지 못하게 만들어서, 날개를 제대로 펼치지 못하게 방해하는 아주 위험한 그림자야.

기적의 학습 멘탈 수업

5.　　　　완벽주의
: 실수하면 큰일 나!

　　　　　친구야, 혹시 이런 경험이 있니? 과제를 하거나 발표 자료를 만들 때, 완벽하지 않으면 제출하기 싫어서 계속 붙들고 있거나 아예 시작조차 못 하는 경험 말이야.

　이렇게 뭐든 완벽하게 해내야 한다는 생각 때문에 스스로를 힘들게 하거나 괴롭게 만드는 것을 우리는 '완벽주의'라고 말한단다. '완벽'이라는 단어는 멋있게 들리지만, 완벽주의 그림자는 사실 꽤나 날카로운 모습을 하고 있어. 우리 친구들이 이야기했던 '불안', '자책', '시작하기 힘들다', '미루는 습관' 같은 고민을 깊이 들여다보면, 그 밑에 완벽주의 그림자가 숨어 있는 경우가 많았어. 완벽하게 해야 한다는 생각 때문에 불안해하고, 완벽하지 못한 결과에 자책하고, 완벽하지 않을까 봐 시작을 못 하고 결국 자꾸만 미루게 되는 거지.

완벽주의 그림자는 공부에 어떤 영향을 미칠까?

완벽주의 그림자는 좋은 의도에서 시작된 마음이야. 잘하고 싶다, 최선을 다하고 싶다는 마음이 강해서 생기는 거니까. 하지만 정도가 지나치면 우리를 힘들게 하는 날카로운 칼날이 될 수 있단다.

시작을 어렵게 만들어 '완벽하게 준비되지 않으면 시작하지 않겠어.'라고 생각하면서 아예 첫걸음을 못 떼게 만들어. 완벽한 순간은 오지 않는데 말이야.

끝내기를 어렵게 만들어 '아직 부족해.'라고 생각하면서 계속 붙들고 있거나, 아니면 '이 정도밖에 못 하나.' 하고 실망해서 도중에 포기하게 만들기도 해.

작은 실수에도 크게 흔들리게 만들어 실수하거나 계획대로 되지 않았을 때 '나는 실패했어!' 하고 스스로를 비난하면서 자존감을 갉아먹어. (→ 자존감 그림자와 연결)

불안감을 키워 완벽해야 한다는 압박감 때문에 늘 불안해하고 초조하게 돼. 시험이나 평가 상황에서 '실수하면 어떡하지?' 하는 불안함이 커지면서 실력 발휘를 방해하지. (→ 불안 그림자와 연결)

시간을 비효율적으로 쓰게 만들어 완벽하게 하려고 필요 이상으로 많은 시간을 쓰거나, 이미 잘 했는데도 고치고 또 고치면서 시간을 낭비하게 만들어.

미루는 습관으로 이어져 완벽하게 할 시간이 부족하다고 생각하거나, 완벽하게 하려니 너무 힘들다고 느껴서 시작 자체를 뒤로 미루기도 해. (→ 미루기 그림자와 연결)

이처럼 완벽주의 그림자는 '잘하고 싶다'는 좋은 마음을 오히려 스스로를 괴롭히는 나쁜 그림자로 바꿔버릴 수 있어.

왜 완벽주의 그림자가 나타날까?

완벽주의 그림자가 우리 마음속에 자리 잡는 이유도 여러 가지가 있어.

주변의 높은 기대나 평가 부모님이나 선생님이 '잘해야 한다'는 메시지를 지속적으로 주거나, 결과에 대해 지나치게 엄격하게 평가할 때 완벽주의 성향이 강해질 수 있어.

실패에 대한 두려움 완벽하게 하면 실패하지 않을 거라고 생각해서, 실패를 피하기 위한 방어 수단으로 완벽을 추구하는 경우도 있어.

낮은 자존감 스스로의 가치를 결과로만 판단하고, 아주 잘해야만 사랑받고 인정받을 수 있다고 생각하면서 완벽주의에 매달릴 수 있어. (→ 자존감 그림자와 연결)

사회적인 분위기 '성공', '최고', '상위 1%'만 강조하는 사회 분위기 속에서 완벽하지 않으면 인정받지 못할 것 같다는 압박감을 느낄 때 완벽주의 그림자가 커질 수 있어.

나의 성격 어떤 성격 유형(예를 들면, 책임감이 강하고 계획적인 규범형 성향)은 완벽주의 그림자에 취약할 수 있어.

완벽주의 그림자는 '잘하고 싶은 마음', '책임감' 같은 좋은 마음이 왜곡되면서 나타나는 경우가 많아. 그런 완벽주의 그림자를 똑바로 마주하는 것만으로도 충분히 용기 있는 일이야.

기적의 학습 멘탈 수업

6.   미루기
: 에잇, 내일 할래!

　　친구야, 혹시 이런 경험 해본 적 있어? 내일이 발표라서 오늘 발표 준비를 끝내야 하는데, '아직 시간이 있으니까 저녁 먹고 할까?' 싶은 거야. 저녁 먹고 나서는 '아, 배부르다. 조금만 쉬었다 하자.' 하고. 그렇게 쉬다가 친구한테 온 문자 메시지에 답장을 하고, 짧은 영상 몇 개 보다가 정신 차려 보니 밤인 거야. 결국 새벽까지 허둥지둥 발표 준비를 해야 했지.

　이렇게 해야 할 일을 자꾸만 뒤로 미루는 것을 '미루기' 또는 '꾸물거림'이라고 해. 미루기 그림자는 우리 모두를 너무나도 쉽게 유혹하는, 달콤하지만 결국 우리를 힘들게 만드는 무서운 그림자야. 우리 친구들과 학습 상담을 하면 '미룬다', '나중에', '계획대로 안 된다' 같은 말들이 자주 나왔어. 이건 많은 친구들이 미루기 그림자 때문에 공부 계획을 지키기 못하고, 해야 할 일을 제때 해내지 못해서 힘들어한다는 것을 보여주는 거야.

미루기 그림자는 왜 그렇게 달콤할까?

미루기 그림자는 우리에게 이렇게 속삭여. "지금은 힘든 거 하지 말고 그냥 쉬자!", "재미있는 거 하자!", "힘든 건 나중에 해도 괜찮아!"

이 속삭임이 얼마나 달콤한지 몰라. 당장 해야 할 일에 대한 부담감이 사라지고 마음이 편안해지는 것 같거든. 그래서 우리는 "그래, 지금은 좀 쉬고 나중에 집중해서 제대로 해야지." 하고 스스로를 합리화하며, 미루기 그림자의 유혹에 넘어가게 돼. 하지만 이건 잠시 동안의 달콤함일 뿐이야. 미루기 그림자의 진짜 목적은 우리를 편안하게 해주는 게 아니라, 우리를 더 큰 불안과 후회 속으로 밀어 넣는 거야.

미루기 그림자가 공부에 미치는 영향

미루기 그림자의 달콤한 유혹에 계속 넘어가면 우리 공부에 어떤 일이 벌어질까?

결국 더 큰 불안감을 느껴 미뤘던 일들이 쌓이고 쌓이면 마감 기한이 다가올수록 마음이 불안해져. '아, 이걸 언제 다 하지?' 하고 엄청난 스트레스를 받게 되지. (→ 학습 불안 그림자를 키워!)

벼락치기를 하게 돼 시간이 없으니 대충 벼락치기로 공부해서 제대로 이해도 못하고 결과도 좋지 않을 가능성이 높아.

실력 향상이 어려워 꾸준히 계획대로 공부하지 않으니 실력이 쌓이기 어렵고, '나는 왜 해도 안 될까?' 하며 좌절할 수도 있어. (→ 자존감 그림자를 갉아먹어!)

공부 자체에 대한 부정적인 감정이 생겨 미루고 벼락치기하고 결과가 안 좋아 후회하는 과정이 반복되면 공부하는 것 자체에 싫증을 느끼거나 부정적인 감정이 생기기 쉬워.

자기 자신에 대한 신뢰를 잃어 '나는 계획을 세워도 지키지 못하는 사람이야. 나는 의지가 약해.' 하면서 자신감이 떨어지고 스스로를 믿지 못하게 될 수 있어.

미루기 그림자의 달콤함 뒤에는 이렇게나 많은 함정이 숨어 있어. 잠시의 편안함 때문에 결국 더 큰 불안과 후회, 그리고 자신감 상실이라는 대가를 치르게 되지.

왜 우리는 자꾸만 미루게 될까?

우리가 자꾸만 미루게 되는 데에도 여러 가지 이유가 있어.

어려움에 대한 두려움 해야 할 일이 너무 어렵거나 복잡하게 느껴질 때 '아, 이걸 어떻게 하지?' 하는 막막한 마음에 미룰 수 있어. (특히, 탐구형 성향의 친구가 너무 복잡한 문제 앞에서 이럴 수 있어.)

실패에 대한 두려움 완벽하게 잘 해내야 한다는 부담감 때문에 '잘하지 못할 바에는 아예 시작하지 말자.' 하면서 미루는 경우도 많아.

성공에 대한 두려움 성공하면 더 큰 기대를 받을까 봐, 혹은 성공 후의 변화가 두려워서 무의식적으로 미루기도 해.

지루함 너무 재미없고 따분하게 느껴질 때, 해야 할 일을 미루고 대신에 재미있는 다른 일을 찾게 돼. (특히, 행동형 성향의 친구가 반복적인 일을 할 때 이럴 수 있어.)

동기 부족 왜 이 일을 해야 하는지 이유를 찾지 못하면 '굳이 지금 해야 하나?' 하면서 미룰 가능성이 높아.

에너지 부족 몸이 피곤하거나 마음이 지쳐 있을 때(번아웃), 새로운 일을 시작할 에너지가 없어서 그냥 쉬고 싶다는 마음에 미루게 돼.

어떻게 시작해야 할지 모를 때 해야 할 일이 너무 막막해서 어디서부터 시작해야 할지 모를 때 미루기 쉬워.

중요한 건, 미루기 그림자는 게으르거나 의지가 약해서 생기는 게 아니라는 거야. 오히려 불안함, 두려움, 어떻게 해야 할지 모르는 막막함, 재미없음 등 다양한 마음의 어려움 때문에 나타나는 경우가 많아. 미루는 행동 자체가 문제가 아니라, 미루게 만드는 마음속 그림자들이 진짜 문제인 거지.

7.　　　집중 방해
: 칠판 가득 딴생각만!

　　　친구야, 혹시 이런 경험 있니? "오늘부터 진짜 제대로 공부해야지!" 하고 책상에 딱 앉아서 책을 펼쳤는데, 이상하게 글자는 눈에 안 들어오고 어제 친구와 나눴던 카톡 대화가 떠오르는 거야. 갑자기 점심 메뉴가 뭘까 궁금해지고 주말에 본 드라마도 생각나고. 또는 조용한 도서관에서 공부를 하려는데, 옆 사람이 기침하는 소리, 펜 딸깍거리는 소리, 누가 왔다 갔다 하는 모습이 신경이 쓰여서 공부에 집중하기 힘들었던 경험은? 스마트폰 알림 진동에 '뭐지?' 하고 자꾸만 손이 가서 결국 공부 흐름이 깨져버린 경험은?

　이렇게 공부할 때 마음이 한곳에 모이지 않고 자꾸만 다른 곳으로 흩어지게 만드는 것을 우리는 '집중 방해'라고 해. 이것 역시 우리의 공부를 방해하는 아주 흔한 그림자 중 하나지. 우리 친구들의 학습 상담에서도 '집중', '산만', '딴생각' 같은 단어들이 자주 나타났어. 특히, 공부를 왜 해야 하는지 모르겠다며 힘들어하는 (동기 부족) 친구들이나 불안하고 걱정이 많은(학습 불안) 친구들의 이야기 속에 이런 집중 방해 그림자가 많이 보였어.

집중 방해 그림자는 공부에 어떤 영향을 미칠까?

집중 방해 그림자는 마치 우리 마음속에서 작은 악마들이 여기도 봐라, 저기도 봐라 하면서 자꾸만 우리의 주의를 다른 곳으로 돌리려고 하는 것과 같아. 처음에는 작은 방해처럼 느껴지지만, 이 그림자가 커지면 공부에 엄청난 방해가 될 수 있어.

공부 효율이 뚝 떨어져 분명 책상에 앉아서 시간을 보냈는데, 집중을 못하니 머릿속에 남는 게 거의 없어. 똑같은 시간을 공부해도 실력 향상이 더디게 되지.

학습 시간이 오래 걸려 집중을 못하니 같은 양을 공부하는 데 남보다 훨씬 많은 시간이 걸려. 결국 지쳐서 공부에 대한 흥미를 잃기 쉬워.

실수가 많아져 문제나 지문을 제대로 읽지 않거나 개념을 정확히 이해하지 못한 채 넘어가면서 실수가 잦아져.

좌절감을 느껴 '나는 왜 이렇게 집중을 못 할까? 다른 친구들은 잘만 하는데.' 하고 스스로를 자책하면서 자존감이 낮아질 수 있어.

미루는 습관으로 이어져 집중이 안 되니 공부가 재미없고 힘들게 느껴져서 '그냥 나중에 할까?' 하고 미루게 될 가능성이 높아져.

결국 집중 방해 그림자는 우리의 소중한 공부 시간을 낭비하게 만들고, 노력한 만큼의 결과를 얻기 어렵게 만들어서 우리를 지치고 좌절하게 하는 아주 얄미운 그림자야.

왜 우리는 집중 방해 그림자와 씨름하게 될까?

우리가 집중하기 어려워하는 데에도 여러 가지 이유가 있어.

외부적인 방해 스마트폰 알림, 주변 소음, 지나가는 사람들의 움직임 등 주변 환경 때문에 집중이 흐트러지기 쉬워.

내부적인 방해 걱정, 불안, 흥분, 피곤함, 배고픔 등 우리 마음이나 몸 상태 때문에 딴생각이 나거나 집중력이 떨어지기도 해.

공부가 재미없거나 어렵게 느껴질 때 학습 내용에 흥미가 없거나 너무 어렵다고 느껴지면 자연스럽게 마음이 다른 곳으로 향하게 돼.

동기 부족 공부를 왜 해야 하는지 이유를 찾지 못하면 집중할 필요성을 느끼지 못하면서 딴생각에 빠지기 쉬워.

환경 통제력 부족 나에게 맞는 공부 환경(조용한 곳 vs 조금 시끄러운 곳, 밝은 곳 vs 어두운 곳 등)을 스스로 만들거나 조절하는 방법을 모를 때 집중하기 어려워.

과도한 멀티태스킹 여러 가지 일을 한 번에 하려고 하거나, 공부하면서 자꾸 다른 것도 함께 하려고 할 때 오히려 집중력이 분산되어 공부 효율이 떨어져.

현대 사회는 워낙 자극이 많고 우리 마음속에도 생각들이 많으니까 집중하기 어려운 건 어쩌면 너무나 자연스러운 일일지도 몰라. 그렇지만 원인을 알면 문제의 해결 방법을 찾을 수 있어. 외부적인 방해 요소, 내부적인 방해 요소, 흥미 요소, 동기 부족, 주변 환경, 과도한 멀티태스킹 등 지금 나의 집중력을 흩트리는 원인을 찾아서 이를 제거하거나 조절하려는 노력이 필요하지.

친구야! 지금까지 우리는 학습 불안, 동기 부족, 자존감 부족, 완벽주의, 미루기, 집중 방해까지 공부를 방해하는 다양한 그림자들을 만나봤어. 이 그림자들에 대해 알아보면서 어떤 마음이 들었니? '맞아, 나도 저런 마음 때문에 힘들 때가 있어.' 하고 속으로 이야기했니? 아니면 '어떻게 내 마음을 이렇게 잘 알지?' 하고 놀랐을까?

괜찮아! 그 마음, 충분히 이해해. 한 가지 아주 중요한 이야기를 꼭 해주고 싶어. 마음속 그림자들은 나 혼자만 가지고 씨름하는 특별하고 이상한 문제가 아니라는 거야.

• 시험만 생각하면 불안해서 떨리고.

- 공부를 왜 해야 하는지 모르겠고 자꾸 하기 싫어지고.
- 나는 잘하는 게 없는 것 같고 스스로 부족하게 느껴지고.
- 완벽하게 해야 한다는 생각에 시작도 못 하겠고.
- 해야 할 일을 자꾸만 내일로 미루게 되고.
- 책상에 앉으면 딴생각이 나고 집중하기 어렵고.
- 부모님/친구 때문에 마음이 불편해서 공부에 집중이 안 되고.
- 앞으로 뭘 해야 할지 몰라 막막하고 불안하고.

이런 고민들은 세상의 많은 친구들이 공통적으로 겪고 있는 것들이야. 옆자리 친구도, 다른 학교 친구도, 어쩌면 나보다 더 멋지고 공부를 잘하는 친구들도 나와 똑같이 남몰래 힘들어하고 있을지 몰라. 그러니 혹시 마음속에 이런 그림자들이 있다는 것을 발견했을 때 '나는 왜 이럴까?' 하고 자책하지 않았으면 좋겠어. 그림자는 우리가 지금 여기를 살아가면서, 그리고 공부라는 도전을 하면서 언제든 만날 수 있는 마음일 뿐이거든. 그림자의 존재를 인정하고, 내 마음을 똑바로 들여다보려고 용기를 낸 것만으로도 정말 대단한 거야.

그런데 어쩌면 이 그림자들을 만나면서 마음이 무거워지거나 속상했던 친구도 있었을 거야. 괜찮아! 그 마음, 당연해. 하지만 우리는 마음속 그림자들을 보고 좌절하기 위해 지금껏 시간을 보낸 게 아니야. 내가 꼭 이야기해주고 싶었던 가장 중요한 메시지는 바로 이거란다.

"그림자를 알아야 그 그림자에 끌려다니지 않고 빛을 찾아 나아 갈 수 있다."

생각해봐! 만약 우리가 밤길을 걷는데 발밑에 그림자가 있다는 것을 전혀 모른다면 어떻게 될까? 그림자 속에 숨어 있는 장애물에 부딪혀 다칠 수도 있겠지? 하지만 발밑에 그림자가 있다는 것을 알고, 그림자의 모양과 크기를 안다면 어떻게 될까? "좀 더 밝은 곳으로 가야겠다. 그림자 뒤에 뭐가 숨어 있을지 모르니 천천히 걸어야겠다." 하면서 더 안전한 길을 찾아갈 수 있겠지? 우리 공부를 방해하는 마음속 그림자들도 마찬가지야. 그림자의 정체를 알아야, 예를 들어 "아, 이게 학습 불안이구나." 하고 깨달아야 왜 내가 특정 상황에서 힘들고 불안한지 이해할 수 있어. 해결 방법도 찾을 수 있고. "내가 완벽주의 성향 때문에 시작을 못 하고 있었구나." 하고 그림자의 정체를 알아채면 "완벽하지 않아도 일단 시작해보자." 하는 용기가 생기지.

우리가 마음속 그림자들의 정체를 파헤쳐본 것은 그림자에 끌려다니는 '수동적인 나'에서 벗어나, 그림자를 똑바로 쳐다보고 스스로 길을 찾아나가는 '능동적인 나'로 성장하기 위해서였어. 그림자를 아는 것! 이것이 바로 단단한 학습 멘탈을 만드는 가장 강력한 시작점이야. 이 책을 읽으면서 마음속 그림자들을 마주하고 이해하려 노력했다면, 너는 이미 엄청나게 용기 있는 친구란다.

공부 엔진에 불을 지피는
단단한 학습 멘탈 만들기

자, 우리는 이미 공부를 방해하는 마음속 그림자들의 정체를 용기 있게 마주했지? 이 그림자들은 나 혼자만 가지고 있는 특별한 문제가 아니라, 세상 많은 친구들이 똑같이 힘들어하는 '흔한 친구' 같은 존재라는 것도 알게 되었고, 그림자의 정체를 아는 것이 그림자를 물리치기 위한 첫걸음이라는 것도 배웠어.

이제부터는 마음속 그림자 때문에 넘어지지 않고, 그림자에서 벗어나 빛나는 꿈을 향해 나아갈 방법을 찾을 차례야. 공부 방해꾼 그림자들을 물리치고, 내 안의 학습 멘탈을 단단하게 만드는 아주 구체적이고 실용적인 방법들을 이야기해볼 거야. "불안아 물러가라!", "동기야 솟아라!", "미루기 이제 그만!", "집중력아 올라가라!" 하고 그림자들을 물리치는 특별한 무기들을 만들고 사용하는 법을 배울 거야. 현쌤이 학습 전문가로서 이야기하는 지혜와 따뜻한 조언이 가득 담겨 있으니 절대 놓치지 마!

1. '나는 할 수 있다!'고 믿는 힘

친구야, '자존감'이라는 말 들어봤지? 자존감은 나 자신을 존중하고 사랑하는 마음을 뜻해. 그리고 '자기 효능감'은 나는 잘 해낼 수 있다고 스스로를 믿는 마음이야. 자존감이 있는 친구들이 자기 효능감도 높은 경우가 많지. 마치 나는 소중한 사람이고, 내가 마음먹으면 무엇이든 해낼 수 있다는 든든한 마음 방패 같다고 할까? 이 두 가지, 즉 건강한 자존감과 높은 자기 효능감이 바로 우리 마음속에 세워야 할 기둥이란다. 이 기둥이 튼튼하면 마음속 그림자들이 아무리 나를 흔들어도 쉽게 넘어지지 않고 씩씩하게 앞으로 나아갈 수 있지.

그런데 말이야, 많은 친구들이 자존감을 갉아먹는 그림자 때문에 힘들어해. 왜 그럴까? 대개는 공부를 하다가 실패했던 경험이나 주변의 부정적인 평가 때문에 '나는 부족한 사람이야.' 하는 마음이 생겼기 때문이야. 그런데 여기서 아주 중요한 사실 하나를 알려줄게. 우리 모두에게는 아직 발견하지 못했거나 다 키우지 못한 엄청난 '잠재력(Potential)'이 있다는 사실이야. 잠재력은 마치 씨앗처럼, 노력하고 배우고 경험하면서 싹을 틔우고 점점 더 크게 키워나갈 수 있어.

유명한 작가인 데이브 알레드(Dave Alred)는 그의 책《포텐셜(원제: The Pressure Principle)》에서 잠재력에 대해 이야기하면서, 결정적인 순간에 자신의 능력을 최대한 발휘해서 탁월한 성과를 내는 사람들에게 어떤 특별한 점이 있는지 깊이 파고들었어. 이 책에서 말하는 핵심은 바로 "잠재력은 고정되어 있지 않고 노력과 연습을 통해 얼마든지 개발하고 성장시킬 수 있다."는 거야. 운동선수가 반복적인 훈련을 통해 근육을 키우고 실력을 향상시키는 것처럼 말이지.

그리고 결정적인 순간에 흔들리지 않고 자신의 실력을 발휘하는 사람들은 스스로에 대한 단단한 믿음이 있대. '나는 이 상황을 이겨낼 수 있어!', '나는 충분히 잘 해낼 수 있어!' 하는 긍정적인 믿음이 어려운 문제나 시험이라는 압박 속에서도 불안해하거나 포기하지 않고 집중하게 만드는 엄청난 힘이 되는 거지. 이 단단한 믿음은 단순히 "나는 잘한다!" 하고 외친다고 생기는 게 아니야. 스스로 작은 성공 경험을 쌓고, 실패를 통해 배우고,

기적의 학습 멘탈 수업

다시 도전하는 과정을 통해 점점 더 단단하게 만들어지는 거지. 그리고 이건 단숨에 되는 마법이 아니라, 매일매일 꾸준히 해야 하는 마음의 훈련이야.

자, 그럼 우리도 내 안에 잠든 잠재력을 깨우고 '나는 할 수 있다!'는 기둥을 단단하게 세우는 연습을 시작해볼까?

① 내 안의 반짝이는 가치 발견하기 — 나의 강점에 집중!

내가 행동형, 규범형, 탐구형, 이상형 중에서 어떤 성격 유형이든 공부에 도움이 되는 멋진 강점을 가지고 있어. 내가 좋아하는 것, 잘하는 것, 남들보다 조금이라도 더 쉽게 느껴지는 것 모두 나의 소중한 가치이자 강점이야.

시험 점수나 다른 사람과의 비교로 나의 가치를 판단하는 실수는 절대 하지 마! 나는 세상에 단 하나뿐인 아주 특별하고 소중한 사람이거든. 내 안에 숨겨진 좋은 점들, 재능들, 힘들어도 포기하지 않고 노력하는 모습들을 스스로 발견하고 인정해주는 연습을 해봐. 아주 작은 것이라도 괜찮아. "나는 친구 이야기를 진심으로 잘 들어주는 편이야!", "나는 한번 시작하면 끝까지 하려고 노력하는 끈기가 있어!", "나는 그림 그리는 걸 좋아해서 그림을 그릴 때 집중을 잘해!", "나는 오늘 계획한 공부를 다 해냈어!" 하고 말이야.

② 작은 성공 경험으로 자기 효능감 키우기

'나는 할 수 있다!'는 믿음은 거창하고 대단한 성공에서만 오는 게 아니야. 아주 작고 사소해 보이는 성공 경험들이 쌓이고 쌓여서 마치 벽돌처럼 단단하게 쌓아 올려지는 거야.

- "오늘은 계획한 영어 단어 10개 다 외웠어!"
- "수학 문제집 2페이지? 좋아! 끝까지 풀었어!"
- "아침에 알람 소리에 5분 더 자지 않고 바로 일어났어!"
- "엄마/아빠 말에 짜증을 내는 대신, 차분하게 내 생각을 이야기했어!"

이런 작고 구체적인 목표들을 매일 하나씩 이뤄내는 거야. 그리고 그 성공을 스스로 칭찬해줘. "와, 내가 이걸 해냈구나! 나 정말 대단하다!", "나도 노력하면 되는구나!" 하고 말이야. 이런 성공 경험들이 쌓이면 강력한 성취감을 느끼게 되고, 그 성취감이 자기 효능감을 높여줄 거야.

③ 나에게 힘이 되는 말 해주기 — 긍정적인 자기 대화 연습

우리 마음속에서 자꾸만 "나는 안 돼."라거나 "이것도 못 하냐?"라고 속삭이는 부정적인 목소리가 생겨날 수 있어. 부정적인 목소리는 우리의 자신감과 에너지를 빼앗아 가버려. 이럴 때

기적의 학습 멘탈 수업

는 의식적으로 나에게 힘이 되는 말을 해야 해. 이걸 '긍정적인 자기 대화'라고 불러. 마치 좋아하는 친구를 응원해주듯, 나 자신에게 따뜻하고 힘이 되는 말을 해주는 거야.

- "이번 시험 망쳤어. 나는 역시 안 돼." → "괜찮아! 이번 시험에서 뭘 배웠는지 살펴보자. 그리고 다음 시험에서 더 잘하면 돼. 나는 배우는 힘이 있는 사람이니까."
- "왜 이렇게 집중을 못 할까?" → "지금 잠깐 집중하기 어렵네. 괜찮아! 심호흡 한번 하고 다시 시작하자. 5분만이라도 집중해보는 거야."
- "나는 아무것도 잘하는 게 없어. 나는 쓸모가 없어." → "나는 세상에 단 하나뿐인 소중한 사람이야. 나는 나만의 강점이 있고, 오늘 이런 작은 성공도 이뤘어. 나는 충분히 가치 있고 사랑받을 만한 사람이야."

처음에는 많이 어색하고 쑥스러울 수 있어. 하지만 꾸준히 연습하면 마음속 부정적인 목소리가 점점 작아지고, 나 자신을 믿고 응원하는 긍정적인 목소리가 훨씬 커질 거야. 스스로를 믿고 응원하는 것! 이게 바로 내 마음에 단단한 기둥을 세우는 가장 좋은 방법이야.

④ 내 안의 잠재력이 계속 성장한다는 것을 믿기

가장 중요해! 내 안의 잠재력은 지금 내 모습보다 훨씬 크고 무한하다는 것을 믿어야 해. 잠재력은 고정된 것이 아니야. 꾸준히 노력하고, 배우고, 실패의 경험에서도 배우고 도전하는 만큼 계속해서 쑥쑥 자라날 수 있어. 작은 씨앗이 언젠가 큰 나무가 되는 것처럼 말이야. 우리는 앞으로 훨씬 더 멋지고 놀랍게 성장할 수 있는 무한한 가능성을 가진 사람이야.

성장할 수 있다는 믿음, 이걸 '성장 마인드셋(Growth Mindset)'이라고 하는데, 스탠퍼드대학교 심리학 교수인 캐럴 드웩(Carol S. Dweck)의 연구를 통해 널리 알려진 개념이야. 성장 마인드셋은 학습 멘탈의 단단한 뿌리라 할 수 있어. '할 수 있다'는 믿음만 있다면 어떤 어려움도 이겨낼 수 있는 힘이 생기거든.

현쌤의 TIP ────────────────────────

자, 어때? '나는 할 수 있다!'는 단단한 기둥을 세우는 연습들—내 안의 가치 발견하기, 작은 성공 경험 쌓기, 스스로에게 힘이 되는 말 해주기, 그리고 내 안의 잠재력이 계속 성장한다는 믿음 갖기—을 매일 꾸준히 한번 해보는 거야. 그러면 마음속에 아주 튼튼한 기둥이 세워지고, 어떤 공부 방해꾼 그림자도 감히 흔들지 못하는 단단한 학습 멘탈을 가질 수 있을 거야.

기적의 학습 멘탈 수업

2. 불안과 스트레스 다스리기

　　불안과 스트레스는 우리 친구들이 공부할 때 가장 흔하게 마주치는 어려움 중 하나야. 잘하고 싶은 마음, 완벽하게 해내고 싶은 마음이 클 때 폭풍처럼 강하게 몰아치기도 해. '실패하면 어떡하지?' 하는 두려움이 불안 폭풍을 키우고, 끝없이 해야 할 일들(공부, 과제, 학원, 친구 관계)에 쫓기다 보면 스트레스 폭풍이 몰려오지.

　　자, 그럼 마음속 폭풍에 휩쓸리지 않고 씩씩하게 앞으로 나아갈 수 있는 방법들을 하나씩 배워볼까? 이건 폭풍을 완전히 없애는 마법은 아니야. 폭풍 속에서도 안전하게 항해하는 방법이라 할 수 있지.

① 숨 고르기 연습

마음속에 폭풍이 몰아치기 시작하면 우리는 보통 숨이 가빠지고 온몸이 긴장하게 돼. 이때 가장 먼저 해야 할 것은 바로 '숨 고르기'야. 심호흡이라고도 하지.

불안하거나 스트레스를 받을 때는 하던 일을 멈추고 눈을 감아봐. 코로 천천히 숨을 깊게 들이마시고(마치 배에 풍선이 들어가는 것처럼 배가 볼록해지도록), 그리고 입으로 천천히 길게 내쉬는 거야. 숨을 내쉴 때는 몸의 힘이 함께 빠져나간다고 상상해봐. 이걸 몇 번 반복하는 것만으로도 흥분했던 마음과 몸이 진정되는 것을 느낄 수 있을 거야.

② 몸의 긴장 풀기 연습

불안이나 스트레스는 우리 몸에도 영향을 줘. 어깨가 뭉치거나 주먹을 꽉 쥐거나 이를 악무는 것처럼 말이야. 이런 몸의 긴장은 마음의 불안을 더 크게 키울 수 있어.

자, 숨 고르기와 함께 몸의 긴장을 풀어주는 연습도 해보자. 편한 자세로 앉거나 누워서 몸 구석구석의 긴장을 느껴보는 거야. '어깨가 뭉쳐 있네!', '얼굴 근육이 긴장되어 있네!' 하고 알아차리는 것만으로도 도움이 돼. 그리고 천천히 숨을 내쉬면서 긴장을 풀어주는 거야. 어깨의 힘을 빼고, 주먹을 펴고, 얼굴 근육을 부드럽게. 몸의 긴장이 풀리면 마음도 조금씩 편안해지는 것

기적의 학습 멘탈 수업

을 느낄 수 있을 거야.

③ 걱정 관리 연습

불안의 가장 큰 친구는 바로 걱정이야. '혹시 ~하면 어떡하지?', '분명 ~될 거야!' 하고 자꾸만 안 좋은 방향으로 상상하게 만들지. 걱정 때문에 공부에 집중하기 힘들 때는 '걱정 시간 갖기' 연습을 해보는 것도 좋아! 하루 중 특정 시간(예를 들면, 저녁 8시부터 8시 15분까지)을 걱정 시간으로 정해두고 그때만 마음껏 걱정을 하는 거야. 걱정거리를 종이에 적어보는 것도 도움이 돼. 그리고 나머지 시간에는 '아, 지금은 걱정 시간이 아니지. 걱정은 걱정 시간에만 하자!' 하고 의식적으로 걱정을 내려놓는 연습을 하는 거지. 처음에는 어렵겠지만 꾸준히 연습하다 보면 걱정이 나 자신을 괴롭히지 못하도록 막을 수 있어.

④ 스트레스, 건강하게 날려버리기

스트레스는 쌓아두면 병이 돼! 몸과 마음을 지치게 만들지. 그러니까 스트레스를 건강하게 날려버리는 방법을 찾아야 해.

스트레스를 해소할 때 내가 가장 좋아하는 활동은 뭔지 생각해봤니? 신나게 운동하기? 게임하기? 친구들과 수다 떨기? 좋아하는 음악 듣기? 그림 그리기나 악기 연주하기? 재미있는 영화나 드라마 보기? 아니면 그냥 아무것도 하지 않고 멍 때리기?

나만의 '스트레스 해소 비법'을 찾아두고, 마음속에 폭풍이 몰아치려고 할 때나 스트레스가 쌓인다고 느껴질 때 그 비법을 사용하는 거야. 건강하지 않은 방법(예를 들면, 과도한 게임이나 폭식 등)으로 스트레스를 풀면 오히려 더 힘들어질 수 있으니 조심! 몸을 움직이거나, 즐거움을 느끼거나, 마음이 편안해지는 활동을 선택하는 게 중요해!

⑤ '결정적인 순간'에 평온함을 유지하는 연습

시험 직전이나 발표 바로 직전처럼 급격히 불안하고 스트레스를 받는 '결정적인 순간'들이 있잖아? 이런 순간에 평온함을 유지하고 제 실력을 발휘하는 것은 아주 중요해.

데이브 알레드의 《포텐셜》에 강한 압박감 속에서도 흔들리지 않는 사람들의 이야기가 많이 나오는데, 그중 전설적인 럭비 선수 조니 윌킨슨이 있어. 럭비 월드컵 결승전에서 승부를 결정짓는 순간에 평온한 상태를 유지하며 득점에 성공했지. 세계 최강으로 꼽히는 우리나라 양궁 선수들 역시 마찬가지야. 올림픽 결승전이라는 극한의 압박감을 이겨내기 위해 선수들은 훈련장에서 시끄러운 음악이나 녹음해두었던 관중의 함성 소리를 확성기로 틀어놓고 활 쏘는 연습을 해. 심지어 손톱을 물어뜯거나 머리를 긁는 등의 사소한 습관까지도 스스로 통제하는 훈련을 해. 오직 활시위에만 집중하는 훈련을 하며 강한 멘탈을 키우는 거야.

기적의 학습 멘탈 수업

우리도 할 수 있어. 결정적인 순간에 '어떡하지. 망하면 어떡하지.' 하고 불안해하는 대신, 그 압박감을 잠재력을 깨우는 자극제로 바꿔보는 거야. 나는 할 수 있다는 믿음을 떠올리고 심호흡 연습을 해봐. '괜찮아. 나는 충분히 준비했고, 나는 할 수 있어!' 하고 스스로에게 용기를 주는 거지. 그리고 결과에 집착하기보다는 내가 할 수 있는 최선을 다하는 마음이 중요해. 이런 연습은 하면 할수록 점점 더 익숙해질 거야.

현쌤의 TIP

자, 어때? 마음속 불안과 스트레스를 건강하게 다스리는 연습들—심호흡, 몸의 긴장 풀기, 걱정 시간 정해두기, 나만의 스트레스 해소 비법 활용하기, 그리고 결정적인 순간에 평온함 유지하기—을 꾸준히 한번 해봐. 그러면 마음속에 어떤 폭풍이 몰아쳐도 단단한 마음 기둥은 흔들리지 않을 거야.

3. 학습 동기 충전의 비밀

동기 부족 그림자는 다양한 이유로 나타날 수 있어. 공부가 재미없어서, 목표가 희미해서, 자꾸 실패해서, 지쳐서…. 하지만 이유가 무엇이든 우리는 다시 마음의 엔진을 켜고 앞으로 나아갈 힘을 만들 수 있어. 자, 그럼 '하고 싶다!'는 마음의 불꽃을 다시 살리는 방법들을 하나씩 배워볼까?

① '왜 해야 할까?' 질문에 답 찾기

가장 강력한 동기 충전 방법은 '내가 왜 이 공부를 하는가?'에 대한 답을 찾는 거야. 앞에서 우리는 삶의 나침반과도 같은 꿈과 목표를 찾고 '나만의 다짐' 문장을 만들었어.(이 책 66~67쪽) 그걸 다시 꺼내봐.

기적의 학습 멘탈 수업

내가 그토록 바라는 꿈의 모습을 떠올리는 거야. 그리고 스스로에게 말하는 거야. "그래, 내가 바로 이 꿈을 이루기 위해 공부를 하는 거지. 이 공부가 내 꿈을 향한 소중한 발걸음이야." 하고 말이야. 내 마음속 나침반이 가리키는 방향을 다시 확인하는 것! 동기 부족 그림자를 물리치는 가장 강력한 주문이야.

② 재미있는 '내적 동기'를 찾아봐!

공부를 할 때 "점수를 잘 받아야 해!", 부모님께 칭찬받아야 해!"와 같은 이유도 동기가 될 수 있어.(이걸 '외적 동기'라고 해.) 하지만 그보다는 공부 자체에서 재미와 흥미를 느낄 때(이걸 '내적 동기'라고 해.) 동기 부족 그림자는 힘을 못 쓰게 돼.

사실 공부가 재미있기는 어려워. 하지만 배우는 내용 속에서 "오! 이건 흥미로운데."라거나 "이건 내가 좋아하는 거랑 연결되네." 하고 작은 재미를 찾아보려는 노력이 필요해. 예를 들어 과학 공부를 할 때는 과학 실험 영상을 찾아서 보고, 역사 공부를 할 때는 역사 배경의 재미있는 책을 찾아 읽거나 유적지나 박물관을 찾아가는 등 지루하게 느껴지는 공부에 나만의 '재미 필터'를 끼워보는 거야.

③ 노력하면 실력이 향상된다는 것을 믿기

성장 마인드셋은 '능력이나 실력은 타고나는 것이 아니라 노력하고 배우면 얼마든지 성장할 수 있다'고 믿는 마음이야. 이 성장 마인드셋이 바로 동기 부족 그림자를 물리치는 강력한 무기가 될 수 있지.

성장 마인드셋이라는 개념은 심리학자 캐럴 드웩의 연구를 통해 널리 알려졌어. 드웩은 능력이 정해져 있다고 믿는 사람보다 노력하면 능력이 향상된다고 믿는 사람이 더 어려운 문제에 도전하고, 실패했을 때도 포기하지 않는다는 것을 과학적으로 보여주었어. "아무리 해도 안 돼." 하고 포기하는 대신, "지금은 어렵지만, 노력하면 분명 더 잘할 수 있을 거야."라고 믿는 마음이 우리를 계속 배우고 도전하게 만드는 법이거든. 실패해도 좌절하지 않고 "여기서 배우고 다시 시도하면 돼!"라고 생각하게 만들고. 나의 가능성을 믿는 마음! 이게 공부 엔진의 강력한 연료가 된단다.

④ 작은 목표, 큰 성취감!

너무 크고 거창한 목표는 오히려 우리를 지치게 하고, '아, 이걸 언제 다 하지?' 하는 생각에 동기 부족 그림자를 더 크게 만들 수 있어. 꿈을 향해 가는 아주 작고 구체적인 '오늘의 목표', '이번 주 목표'를 세워 실행하는 연습이 필요해.

- 오늘은 수학 문제 5개만 제대로 풀어보자!

- 오늘은 영어 단어 10개만 외워보자!
- 오늘은 책상 정리만 깔끔하게 해보자!

이렇게 작게 쪼갠 목표를 하나씩 달성할 때마다 "와! 내가 해냈어!" 하는 뿌듯함과 성취감을 느끼게 될 거야. 이 성취감이 바로 마음속 공부 엔진에 슈퍼 연료를 채워주지. 작은 성공들이 쌓이면 '나도 할 수 있구나!' 하는 자신감이 생기고, 그 자신감이 더 큰 목표에 도전할 용기를 만들어주거든.

목표를 향해 꾸준히 나아가는 실행력은 정말 중요해. 아무리 좋은 목표를 세워도 실제 행동으로 옮기지 않으면 아무 소용이 없어. 작은 목표라도 꾸준히 실천하고 성취감을 쌓는 연습! 이것이 동기 부족 그림자를 물리치고 공부 엔진을 계속 돌게 만드는 핵심 비법이야.

⑤ 때로는 '일단 시작!' 하는 용기가 필요해

아무리 동기를 충전하고 목표를 세워도 '진짜 하기 싫다'는 마음이 들 때가 있어. 괜찮아! 그럴 때는 '하고 싶다'는 마음이 생길 때까지 기다리기보다 '일단 시작!' 하는 용기가 필요해.

'그래, 딱 5분만 해보자!'라거나 '일단 책상에 앉아서 책만 펼쳐보자!'라는 마음으로 시작하는 거야. 마법처럼, 일단 시작하고 나면 "음? 생각보다 할 만하네?" 하고 공부에 집중하게 될 때가 많을 거야. '시작이 반'이라는 말이 괜히 있는 게 아니란다.

기억해! 동기 부족은 우리가 게을러서가 아니야. 마음의 엔진에 연료가 부족하다는 신호일 뿐이야.

자, 어때? '하고 싶다!' 마음의 엔진을 켜는 연습들 — 내 꿈과 목표를 확인하기, 공부에서 재미 찾아보기, 노력하면 향상된다고 믿기, 작은 목표 달성으로 성취감 쌓기, 그리고 일단 시작하기 — 을 꾸준히 한번 해봐. 그러면 동기 부족 그림자가 힘을 쓰지 못하고, 마음속 공부 엔진이 쌩쌩 힘차게 돌아갈 거야.

기적의 학습 멘탈 수업

4. 미루는 습관 버리기

    미루기 그림자는 왜 나타날까? 해야 할 일이 너무 어렵거나, 실패할까 봐 두렵거나, 재미없거나, 어디서부터 시작해야 할지 몰라서 등등 다양한 이유 때문에 우리는 자꾸만 미루게 돼. 자, 그럼 미루기 그림자의 유혹을 이겨내고 '지금 당장' 시작하는 용기를 내는 방법들을 하나씩 배워볼까? 이건 단순히 의지력으로만 하는 게 아니라, 우리의 마음을 이해하고 공부 집중 환경을 조성하는 아주 똑똑한 방법이야.

① 막막한 일, 아주 작게 쪼개기

    해야 할 일이 너무 크고 막막하게 느껴질 때 우리는 "이걸 언제 다 해?" 하고 시작하기도 전에 지쳐서 미루게 돼. 마치 엄청

높은 산을 보고 "저 산을 언제 다 올라가지?" 하고 포기하는 것처럼 말이지. 이럴 때는 그 일을 아주 작은 단위로 쪼개는 연습이 필요해. 산 정상까지 가자고 하는 대신, "오늘은 딱 저 바위까지만 가보자."고 하는 거야.

- 수학 문제집 다 풀기 → "오늘은 딱 2페이지만 풀자."
- 보고서 완성하기 → "오늘은 첫 문단만 써보자."
- 발표 준비하기 → "오늘은 발표 자료 목차만 짜보자."

이렇게 작게 쪼개면 "음, 이 정도는 할 수 있겠는걸." 하는 마음이 들 거야. 첫걸음을 떼는 것이 훨씬 쉬워지는 거지.

② 마법의 '5분 규칙' 활용하기

정말 하기 싫고 미루고 싶을 때 써먹을 수 있는 마법 같은 규칙이 있어. 바로 '5분 규칙'이야. "그래, 딱 5분만 해보자!" 하면서 타이머를 5분에 맞춰두고 시작하는 거야. 5분이 지나면 중단해도 괜찮아. 하지만 놀랍게도, 5분 동안 집중해서 하다 보면 '음, 생각보다 괜찮네? 조금 더 해볼까?' 하는 생각이 들 때가 많을 거야. 일단 시작하기가 어렵지, 하다 보면 관성이 붙어서 계속 하게 되거든. 미루기 그림자의 유혹이 아주 강할 때, 딱 5분만 용기를 내서 시작해봐!

기적의 학습 멘탈 수업

③ 방해꾼들, 미리미리 제거하기(환경 조성)

미루게 되는 가장 큰 이유 중 하나는 바로 우리 주변의 방해 요소야. 스마트폰 알림 소리, PC/모바일 게임, 친구들의 연락 등 이런 것들이 자꾸만 우리의 주의를 빼앗아가지. 공부를 시작하기 전에 미리 이런 방해꾼들을 제거하는 연습을 해야 해. 스마트폰은 멀리 두거나 아예 꺼두기, 게임 창 닫기, 친구에게는 공부 다 하고 나서 연락하겠다고 미리 이야기해두기 등 내가 공부에 집중할 수 있는 환경을 스스로 만드는 거야. 미루기 그림자를 물리치기 위해서도 나에게 맞는 '공부 집중 환경'을 만드는 것은 정말 중요해.

④ 미루지 않고 해냈을 때, 스스로에게 보상하기

미루기 그림자에서 벗어나 지금 당장 시작하고, 꾸준히 노력해서 작은 목표이지만 달성했을 때는, '해냈다!'는 그 멋지고 뿌듯하고 대견한 마음을 스스로 아주 충분히 느끼게 해줘. 그리고 나의 용기와 노력에 대해 아낌없는 보상을 꼭 해줘야 해. 이건 나에게 주는 당연한 선물이자, 내 뇌에게 '와! 힘들었지만 미루지 않고 제때 해냈더니 이렇게 좋은 일이 생기는구나. 앞으로도 미루지 않고 이렇게 해볼까?' 하는 긍정적인 신호를 보내주는 아주 중요하고 효과적인 방법이거든.

그러면 어떤 보상이 좋을까? 내가 정말 좋아하고 내 마음을 기쁘게 해주는 것이라면 뭐든지 괜찮아. 나에게 작은 선물을 해도 좋고, 내 자신에게 수고했다고, 정말 잘했다고, 멋지다고 진심을 담아 이야기해주어도 좋아. 또 "현쌤, 저 해냈어요!" 하고 가까운 사람들에게 자랑해도 좋아.

여기 몇 가지 보상 아이디어가 있어. 칭찬 스티커를 학습 계획표에 예쁘게 붙여보거나, 내가 가장 좋아하는 간식을 사 먹거나, 미리 정해둔 시간만큼 신나게 게임을 하거나 웹툰을 보면서 잠시 머리를 식혀도 좋아. 친한 친구에게 전화해서 내가 해낸 멋진 일을 자랑하고, 즐겁게 수다를 떨면서 스트레스를 풀어도 좋아. 아주 좋은 보상이야. 그리고 말이야, 강력하게 추천하고 싶은 아주 특별하고 의미 있는 보상이 하나 더 있어. 바로 나 자신에게 칭찬과 격려, 고마운 마음을 담아 손편지를 쓰는 거야. 노트나 예쁜 편지지에 이렇게 적어보는 거지.

사랑하는 나에게,

오늘 정말 수고했어! 솔직히 미루고 싶다는 마음이 자꾸 들었는데도, 용기를 내서 책상에 앉아 공부를 시작하고 끝까지 해내는 모습을 보면서 나는 정말 감동했어! 목표한 것

기적의 학습 멘탈 수업

을 하나씩 해내는 모습이 정말 대견하고 자랑스러워.

나중에 힘들 때 이 편지를 다시 읽으면서 오늘 내가 해낸 멋진 일을 기억하고 힘을 얻을 수 있을 것 같아. 앞으로도 내 안의 힘을 믿고 씩씩하게 나아가자!

이 편지는 세상에서 단 하나뿐인, 내 자신에게서 온 가장 따뜻하고 강력한 응원 메시지가 될 거야. 스스로의 노력과 성장을 인정하고 기록하는 것만큼 의미 있고 오래도록 기억에 남는 보상은 아마도 없을 거란다.

나 자신을 칭찬하고 보상해주는 습관은 '자기 격려 근육'과 '실행력 근육'을 동시에 단련시키는 아주 효과적인 방법이야. 미루기 그림자의 유혹에 넘어가지 않고 지금 당장 시작할 강력한 동기를 만들어주거든. 작은 성공에 대한 성취감을 반복적으로 느끼는 것만큼이나 스스로에게 주는 보상도 정말 중요해.

⑤ 미루는 나를 자책하지 말고, 기회비용 떠올리기

가장 중요해! 미루기 그림자의 유혹에 넘어갔다고 해서 "나는 왜 이렇게 의지가 약할까?" 하고 스스로를 자책하거나 미워하지는 마. 게을러서가 아니라 불안, 두려움, 어떻게 해야 할지 모르는 막막함 때문에 미루게 되는 경우가 많거든. 어떤 일을 미루는 나 자신을 발견했다면, "지금 미루기 그림자가 나를 유혹하고 있구나. 왜 미루고 싶지?" 하고 내 마음을 한번 들여다봐. 그런 다음 "괜찮아! 지금부터 다시 시작하면 돼." 하고 스스로를 다독여주는 거야. 자책하는 대신 용기를 내서 다시 시작하는 것! 이게 바로 미루기 그림자를 물리치는 힘이란다.

그리고 여기 아주 특별한 '미루기 관리 규칙'이 있어. 미루기를 '관리'하고 '책임'을 지는 방법이야. 우리가 주 단위로 공부 계획을 세우잖아? 혹시 부득이한 이유로(감기에 걸렸거나, 가족과 꼭 함께해야 하는 일정이 있거나, 친구의 생일 파티처럼 중요한 약속이 있는 경우) 공부를 미루게 되었다면, 학습 계획표에 솔직하게 '미룸'이라고 체크해두는 거야. 그리고 주말이나 공휴일에 내가 좋아하는 일(게임, 친구 만나기, 늦잠 자기 등)을 포기하고, 미뤄두었던 공부를 반드시! 하는 거지.

이게 바로 경제학에서 말하는 '기회비용'이야. 기회비용이란 어떤 하나를 선택하기 위해 포기해야 하는 다른 것의 가치를 말해. 내가 해야 하는 공부 대신 다른 즐거운 일을 선택했다면, 그 즐거움을 위해 '미뤄두었던 공부는 주말에 하기'라는 기회비용을 지불해야 하는 거지.

이렇게 규칙을 정해두면, 미루고 싶을 때 "지금 안 하면 주말에 내가 좋아하는 ○○을 포기해야 하잖아." 하고 미루기의 대가를 생각하게 돼. 당장의 편안함이 주말의 소중한 즐거움보다 가치 있는지 생각해보게 되는 거지. 그리고 부득이한 이유로 미루게 되었다면, 주말에 그 책임을 다하면서 '나는 약속을 지키는 사람이야!' 하는 자신감과 성취감을 얻을 수 있어.

이 '미루기 관리 규칙'을 학습 계획표에 꼭 적용해봐. 계획을 부득이하게 미뤘다면 '미룸' 체크! 그리고 주말에 기회비용을 치르면서 반드시 해내기!

현쌤의 TIP _____

자, 어때? "나중아, 안녕~" 하면서 미루기 그림자의 달콤한 유혹을 이겨내고 '지금 당장!' 시작하는 용기를 내는 연습들—막막한 일 쪼개기, 5분 규칙 활용하기, 방해꾼 제거하기, 스스로에게 보상하기, 그리고 '미루기 관리 규칙' 활용하기—을 꾸준히 해봐. 그러면 미루기 그림자가 힘을 쓰지 못하고, 우리 안의 실행력이 쑥쑥 자라날 거야!

5.
딴생각
잠재우고 집중력 켜기

집중 방해 그림자는 왜 나타날까? 주변 환경이 너무 산만할 때, 몸이 피곤할 때, 마음이 복잡하거나 불안할 때, 공부가 재미없거나 어려울 때 등 다양한 이유로 우리는 집중하기 어려워해. 집중하기 어렵다는 건 내가 게으르다는 증거가 아니라, 내 뇌가 지금 도움을 필요로 한다는 신호일 수 있어. 자, 그럼 딴생각 잠재우고 집중력을 켜서 뇌가 공부에 몰입하게 도와주는 방법들을 하나씩 배워볼까?

① 나에게 맞는 '집중 최적화 환경' 만들기

집중력은 환경의 영향을 정말 많이 받아. 내가 공부에 집중할 수 있는 환경은 어떤 곳일까? 조용하고 아무것도 없는 곳, 아니면 적당히 백색 소음이 있는 곳? 밝은 곳? 조금 어두운 곳? 따뜻한 곳? 시원한 곳? 내 성격이나 선호에 맞는 환경을 찾는 것이 중요해. 그리고 공부를 시작하기 전에는 주변을 정리하고 방해 요소를 제거해봐. 책상 위에는 공부에 필요한 것만 올려두고, 스마트폰은 알림을 꺼놓거나 다른 방에 가져다놓는 것도 좋은 방법이야. 딴생각을 유발할 만한 것들(만화책, 게임기, 과자 등)은 시야에서 치워두는 거지. 내 뇌가 '아, 지금은 공부하는 시간이구나!' 하고 딱 알아차릴 수 있는 환경을 만들어주는 거야.

② 시간 관리 전략으로 집중력 높이기 — 포모도로 기법

우리의 집중력은 무한하지 않아. 너무 오랫동안 쉬지 않고 공부하면 오히려 효율이 떨어져. 이럴 때 시간 관리 전략을 사용하면 집중력을 잘 유지할 수 있어.

포모도로 기법(Pomodoro Technique)이라는 아주 유명하고 효과적인 방법이 있어. 포모도로는 이탈리아어로 '토마토'라는 뜻인데, 프란체스코 시릴로(Francesco Cirillo)가 토마토 모양의 요리용 타이머를 이용해 25분 집중 후 5분 휴식한 데서 포모도로 기법이란 이름이 붙었어. '25분 집중! 5분 휴식!'을 한 세트로 반복하는 거지. 공부할 내용의 양이나 나의 집중력 정도에 따라 '45분 집중, 15분 휴식'처럼 시간을 조절해도 괜찮아. 중요한 건 정해진 시간 동안 딱! 집중하고, 특정 시간이 되면 꼭! 쉬는 거야.

이렇게 하면 뇌가 지치지 않고 집중력을 더 오래 유지할 수 있어. 딴생각이 나더라도 "아, 5분 뒤에 쉬는 시간이 있으니 그때 생각하자." 하고 잠시 미뤄둘 수도 있고.

③ 딴생각아, 잠깐만! ― 마음 챙김 연습

공부하다 보면 딴생각이 드는 건 아주 자연스러운 일이야. 중요한 건 딴생각을 했다는 사실에 스스로를 자책하기보다 "아, 지금 내가 딴생각을 하고 있구나." 하고 알아차리는 일이야. 그리고 다시 공부로 주의를 가져오는 거야. 이걸 마음 챙김(Mindfulness) 연습이라고도 해. '마음 챙김'은 원래 불교의 명상 수행법에서 유래했어. 현재는 심리학과 뇌 과학 분야에서 '지금 이 순간의 내 마음 상태(생각, 감정, 몸의 느낌 등)를 판단하거나 평가하지 않고 있는 그대로 알아차리는 연습'으로 널리 활용되고 있어. 딴생각이 들면 "음, 딴생각이 떠올랐네. 괜찮아." 하고 받아들이고, 다시 공부에 집중하면 돼. 처음에는 딴생각이 자주 나겠지만, 꾸준히 연습하면 집중하는 힘이 길러질 거야.

④ 디지털 기기 사용 습관 조절하기

요즘 우리 집중력을 가장 많이 뺏어가는 방해꾼은 바로 스마트폰이야. 잠깐만 봐야지 했는데 한두 시간이 훌쩍 지나버린 경험, 누구나 해봤지? 공부 시간에는 스마트폰이나 태블릿 같은 디지털 기기를 최대한 멀리 두고, 꼭 사용해야 할 때는 필요한 용도로만 짧은 시간 사용하는 연습을 해봐. 스마트폰 사용 시간을 제한하는 앱을 활용하거나, 공부를 할 때는 아예 꺼두는 것도 좋은 방법이야.

⑤ 뇌에 충분한 휴식과 영양 주기

우리 뇌는 기계가 아니야. 계속 일만 하면 지칠 수밖에 없어. 집중력이 떨어지는 이유 중 하나가 바로 피곤함이야. 충분한 수면을 취하고, 공부를 할 때는 중간중간 짧은 휴식 시간을 갖는 것이 뇌 건강을 유지하는 데 정말 중요해. 잠시 눈을 감고 있거나, 스트레칭을 하거나, 신선한 공기를 마시는 등 짧은 휴식이 뇌에 큰 도움이 된단다. 그리고 건강한 음식을 먹는 것도 뇌에 좋은 영향을 주겠지?

현쌤의 TIP

자, 어때? 딴생각 잠재우고 집중력을 켜는 연습들—집중 환경 만들기, 포모도로 기법 활용하기, 마음 챙김, 디지털 기기 사용 습관 조절, 뇌에 충분한 휴식과 영양 주기—을 꾸준히 해보는 거야. 그러면 집중 방해 그림자가 힘을 쓰지 못하고, 뇌가 공부에 딱 몰입해서 학습 효율이 확 올라갈 거야.

6. 실패에서 배우는 힘

실패는 우리에게 고통스럽고 힘든 경험일 수 있어. 하지만 동시에 우리를 더 강하게 만들고 더 크게 성장하게 하는 가장 좋은 기회이기도 해. 자, 그럼 실패 때문에 주저앉지 않고, 다시 씩씩하게 나아가는 연습을 해볼까?

① 실패는 '끝'이 아니라 '과정'임을 이해하기

우리가 어떤 목표를 향해 나아갈 때, 실패는 그 목표까지 가는 길에 만날 수 있는 하나의 경험이라는 것을 이해하는 것이 중요해. 마치 산을 오르다가 미끄러지고 자전거 타기를 배우다가 넘어지는 것처럼 말이야. 미끄러지거나 넘어진다고 해서 목표까지 가는 그 길이 사라지는 것은 아니잖아?

기적의 학습 멘탈 수업

"이번 시험에서는 목표를 달성하지 못했지만 이게 내 공부의 끝은 아니야." 또는 "이번 발표는 망쳤지만 다음 발표에서는 더 잘할 수 있을 거야." 하고 실패를 끝이 아니라 과정으로 받아들이는 연습이 필요해. 앞에서 완벽주의 그림자 이야기를 할 때 '완벽해야 한다'는 생각이 우리를 힘들게 한다고 했었지? 완벽하지 않아도 괜찮아! 우리 인생과 공부라는 긴 과정에서 실수와 실패는 너무나 당연한 거란다.

② 실패 속에서 '배움' 찾기

실패했을 때 가장 중요한 것은 그 속에서 '배움'을 찾아내는 거야. 실패는 우리에게 무엇이 잘못되었는지, 어떻게 하면 더 잘할 수 있는지를 알려주는 최고의 선생님이 될 수 있거든. 실패했을 때 좌절하고 자책하는 대신, 마치 명탐정이 된 것처럼 실패를 분석해보는 거야.

- 내가 왜 이 문제를 틀렸을까? 개념을 몰랐나? 계산 실수를 했나? 문제를 잘못 읽었나?
- 발표를 망친 이유는 뭘까? 너무 떨었나? 준비가 부족했나? 듣는 사람에게 잘 전달되지 않았나?
- 계획했던 공부를 미룬 이유는 뭘까? 너무 욕심을 부렸나? 방해 요소가 너무 많았나? 몸이 피곤했나?

이렇게 실패의 원인을 냉정하게 파악하고, 문제를 해결하기 위한 '다음 행동'을 구체적으로 계획하는 거야.

- 아, 이 개념을 다시 공부해야겠다!
- 다음 발표를 위해 긴장 푸는 연습을 더 해야겠다!
- 계획을 수정해서 하루에 공부할 분량을 줄여보자!

실패 노트를 만들어서 적어두는 것도 좋은 방법이야. 실패를 통해 배우면, 그 배움은 분명 더 강하고 오래갈 거야.

③ 스스로에게 "괜찮아!" 하고 다독여주기

실패했을 때 가장 필요한 것은 나 자신에게 보내는 따뜻한 위로와 격려야. 자존감 그림자는 우리를 자책하게 만들 뿐이야. 그러니 실패 앞에서 스스로를 비난하는 대신, "괜찮아. 그럴 수도 있지!", "다시 시작하면 되지." 하고 자기 자신을 토닥여주고 안아주어야 해. 가장 아끼는 친구가 실패해서 힘들어한다면 뭐라고 이야기해줄 거야? 아마도 "괜찮아. 다음에 더 잘하면 돼." 하고 따뜻하게 말해줄 거잖아? 나 자신에게도 똑같이 따뜻하고 힘이 되는 말을 해줘. 스스로를 격려하고 다독이는 연습! 이게 바로 나의 자존감을 갉아먹는 그림자를 물리치고 마음의 힘을 키우는 아주 중요한 비법이야.

④ 넘어져도 다시 일어나는 '회복 탄력성' 키우기

실패했을 때나 힘들 때 주저앉지 않고 씩씩하게 일어서는 힘! 이걸 심리학에서는 회복 탄력성(Resilience)이라고 해 '회복 탄력성'은 큰 충격에 튕겨 올랐다가 원래대로 돌아오는 용수철처럼, 힘든 일이나 실패를 겪고도 좌절하지 않고 다시 일어나 움직이는 정신적인 능력을 말해. 회복 탄력성은 특별한 사람만 가지고 태어나는 것이 아니야. 우리 모두 안에 있고 연습을 통해 얼마든지 키울 수 있는 마음의 근육과도 같아. 실패를 통해 배우고, 스스로를 다독이고, 다시 도전하는 연습들을 꾸준히 하면 회복 탄력성은 점점 더 좋아지지.

내가 만난 친구 중에 실패를 마주하고, 배우고, 다시 일어선 친구가 있어. 고2 학생이었는데, 여름방학을 며칠 앞두고 나를 찾아왔어. 이 친구의 실패는 '수학'이었어. 중학교 때는 수학 성적이 아주 좋았대. 그런데 고1 때는 80점대, 고2가 되자 60점대로 성적이 뚝 떨어진 거야.

친구의 이야기를 듣다 보니, 중학교 때 수학 성적이 좋았던 건, 문제집을 많이 풀어서였어. 그래서 아주 기본적인 질문을 던져봤지. "함수가 뭐야?" 친구는 갑작스러운 질문에 당황했어. '왜 이런 걸 묻지?' 하는 표정이었지만, 함수에 대해 나름 열심히 설명했어. 설명을 다 듣고 나서 나는 "혹시 동생이 있니?" 하고 물어봤어. 초등학교 5학년 동생이 있다는 말에, "그러면 내가 동생이라고 생각하고, 동생이 알아들을 있게 다시 한 번 설명해줄래?" 하고 요청했지. 그러자 친구는 몹시 난감한 표정으로 어찌할 줄 몰라 했어.

내가 어떤 것을 정확히 안다면 누구에게나 쉽게 설명할 수 있어야 해. 특히, 수학이나 과학은 용어의 정의가 명확히 정해져 있어서 그 유래와 뜻을 정확히 아는 것이 정말 중요해. 예를 들어 함수(函數)는 '함(函) 안에 수가 있다'는 뜻이야. 영어로는 펑션(Function), 즉 '기능을 한다'는 뜻이 있지. 상자에 들어 있는 수가 '+1'이라고 하면, 이 상자에 3을 넣으면 4가 되는 거지.

그래서 이 친구에게는 이번 여름방학에는 수학 문제를 많이 풀기보다는 수학책과 문제집에 나오는 수학 용어의 뜻을 정확히 익혀보자고 제안했어.

그렇게 여름방학을 보내고 다음 학기에서 이 친구는 수학 점수를 다시 중학교 때 수준으로 회복했어! 중학교 때는 문제를 많이 풀어서 암기하듯 공부하는 것으로도 가능했지만, 고등학교 때는 달라. 고등학교 수학은 응용문제가 많은데, 마치 비빔밥처럼 여러 개념을 한번에 섞어놓지. 하지만 TV에 나오는 유명 요리사들이 음식을 맛보고 어떤 재료가 얼마나 들어갔는지 단번에 알아맞히는 것처럼, 수학의 개념과 쓰임을 정확히 알면 복잡한 문제도 척척 풀 수 있어. 이 친구의 실패 원인은 '개념 부족'이었고, 이를 알고 '개념을 설명할 수 있을 때까지 익히는' 공부를 하여 다시 좋은 성취를 할 수 있었지.

기억해! 실패는 성장의 가장 좋은 친구일 수 있어. 실패를 두려워하지 않고 '마주하고', 거기서 '배우면', 더 크게 성장할 수 있을 거야.

현쌤의 TIP

자, 어때? 넘어져도 괜찮아! 다시 일어나는 연습들—실패를 과정으로 받아들이기, 실패에서 배움 찾기, 스스로를 다독여주기, 그리고 회복 탄력성 키우기—을 꾸준히 해봐. 어떤 어려움도 이겨낼 수 있는 아주 단단한 마음을 가지게 될 거야.

7. 단단한 학습 멘탈
만드는 작은 습관들

　　자, 이제 단단한 학습 멘탈을 만드는 연습, 드디어 마지막 시간이야. 지금까지 우리는 나를 믿는 힘, 불안과 스트레스 다스리기, 학습 동기 충전, 미루기 극복, 집중력 강화, 실패에서 배우는 법을 익히고 연습했어. 이 모든 연습들은 마치 우리 몸의 근육을 키우는 운동과 같아. 처음에는 어색하고 힘들지만, 꾸준히 반복하면 근육이 단단해지고 힘이 세지지? 우리의 마음 근육도 똑같아. 단단한 학습 멘탈은 하루아침에 짠~ 하고 생기는 게 아니야. 매일매일 꾸준히 실천한 작은 습관들이 모여서 만들어지는 거지.

　자, 그럼 우리 마음의 근육을 단련해서 단단한 학습 멘탈을 만드는 작은 습관들에 대해 함께 이야기해볼까?

① 매일 아침 긍정 에너지 충전 습관

아침에 눈을 떴을 때 네 마음은 어떠니? '아, 학교 가기 싫다.' 하는 생각부터 드니? 아니면 '음, 오늘도 활기차게 시작해볼까?' 하는 생각이 드니? 하루의 시작은 마음 상태에 큰 영향을 미쳐. 그러니 아침에 눈을 떴을 때 네 마음을 긍정 에너지로 채우는 습관을 들여봐. 어렵지 않아. 아주 작고 쉬운 일부터 해보는 거야.

- 침대에서 내려오기 전에 심호흡 3번 하기
- 오늘 하루 감사한 일 떠올리기("맛있는 아침밥을 먹을 수 있어서 감사해!"처럼 작은 것도 괜찮아.)
- 나에게 "오늘 하루도 잘할 수 있어!" 하고 긍정적인 말 해주기 ("나는 할 수 있다!" 같은 말도 좋아.)
- 좋아하는 음악 5분간 듣기

별것 아닌 것 같아도 이런 작은 습관들이 나의 하루를 긍정 에너지로 시작하게 만들고, 학습 멘탈을 키우는 데 도움이 된단다.

② '오늘의 작은 목표' 달성 습관

학습 동기 충전에 대해 이야기할 때, 작은 목표 달성이 얼마나 큰 성취감과 동기를 주는지 이야기했지? 작은 목표를 세우고 매일 꾸준히 달성하는 습관을 만들어봐.

잠자기 전 내일 이것만은 꼭 해내겠다 싶은 '작은 목표'를 한 가지 정하기(아침 7시에 일어나기, 수학 문제 10개 풀기, 영어 단어 10개 외우기 등)

다음 날 목표를 달성하기 위해 노력하고, 실제로 목표를 달성했다면 스스로를 꼭 칭찬해주고 보상해주기

매일매일 작은 성공을 경험하는 것은 '나는 할 수 있다!'는 믿음(자기 효능감)을 쌓는 가장 강력한 방법이야.

③ 마음속 그림자 알아차리기 습관

불안, 동기 부족, 미루기, 집중 방해 등 학습을 방해하는 그림자들은 우리가 알아차리지 못할 때 더 크게 힘을 써. 그러니 이런 그림자들이 나타났을 때, 예를 들면 "지금 미루고 싶다는 생각이 드네!", "시험 때문에 불안하구나!", "지금 딴생각을 하고 있구나!" 하고 알아차리는 연습을 해봐. 마치 마음속에 CCTV를 설치한 것처럼 내 마음의 상태를 관찰하는 거야. 앞서 이야기했던 마음 챙김 연습이 바로 이거야. 알아차리는 것만으로도 그림자의 힘이 약해지는 것을 느낄 수 있을 거야. 그리고 나서 심호흡, 5분 규칙, 주변 환경 바꾸기 등을 활용해서 그림자를 건강하게 다루는 연습을 하면 돼.

④ 잠시 멈춤과 숨 고르기 습관

공부 중에 머리가 복잡하거나 마음이 불안할 때, 자꾸 딴생각이 날 때는 공부를 잠시 멈추고 숨을 고르는 습관을 들여봐. 눈을 감고, 코로 천천히 숨을 깊게 들이마시고 입으로 길게 내쉬는 심호흡을 세 번만 해봐. 뇌에 신선한 산소를 공급하고 긴장된 몸과 마음을 이완시키는 데 큰 도움이 된단다. 잠시 멈춤으로써 다시 집중할 에너지를 얻을 수도 있고.

⑤ 감사하는 마음 표현 습관

우리는 우리가 가지고 있지 않은 것, 부족한 것에 대해 생각할 때가 많아. 그런데 말이야, 우리가 이미 가지고 있는 것들에 대해 생각하고 감사하는 마음은 우리를 더 풍요롭고 단단하게 만들어주거든. 매일 밤 잠자리에 들기 전에 오늘 하루 감사했던 일 세 가지를 떠올려봐. '학교 가는 길에 예쁜 꽃을 봐서 감사하다', '친구가 내 이야기를 잘 들어줘서 감사하다', '오늘도 편안하게 집에서 잠들 수 있어서 감사하다'처럼 작고 일상적인 감사부터 시작해보는 거야. 감사하는 마음은 우리 안에 긍정 에너지를 채워주고, 부정적인 그림자들이 들어올 틈을 줄여줄 거야.

⑥ 주변에 도움을 청하는 용기

몸과 마음이 너무 힘들고 어려울 때는 혼자 끙끙 앓지 마! 나 자신에게 '힘들다'고 솔직하게 인정하고, 주변에 믿을 만한 사람에게 도움을 청하는 것! 이건 가장 중요한 습관이야. 부모님, 친구, 학교 선생님, 아니면 현쌤 같은 전문가에게 마음의 어려움을 이야기하고 도움을 청하는 것은 절대 네가 약하다는 증거가 아니야. 오히려 마음을 지키고 스스로 더 단단해지기 위한 아주 용감하고 지혜로운 행동이야.

단단한 학습 멘탈은 이처럼 매일매일의 작은 습관들이 모여서 만들어지는 아름다운 탑과 같아. 하루아침에 높이 쌓을 수는 없지만, 벽돌 하나하나를 정성껏 쌓다 보면 큰 폭풍에도 흔들리지 않는 아주 튼튼한 탑이 완성될 거야.

현쌤의 TIP ──────────────────────────

자, 어때? 단단한 학습 멘탈을 만드는 작은 습관들 ― 매일 아침 긍정 에너지 충전, 오늘의 작은 목표 달성, 마음속 그림자 알아차리기, 잠시 멈춰 숨 고르기, 감사 표현하기, 주변에 도움 청하기 ― 을 꾸준히 실천해서 습관으로 만드는 것! 단단한 학습 멘탈을 만드는 아주 중요하고 확실한 방법이란다.

기적의 학습 멘탈 수업

8. 네 마음, 튼튼해졌니?

　　지금까지 우리는 마음속에 '나는 할 수 있다!'는 단단한 기둥을 세우는 방법을 배우고 연습했어. 이를 통해 자존감과 자기 효능감을 키우고, 내 안의 잠재력을 노력으로 끌어올릴 수 있다는 믿음을 갖게 되었지. 작은 성공 경험을 쌓고 스스로에게 긍정적인 말을 해주는 것만으로도 마음은 아주 튼튼해진단다.

　우리 마음을 흔드는 불안과 스트레스를 만났을 때 그 폭풍에 휩쓸리지 않고 건강하게 다스리는 연습도 했어. 심호흡, 이완, 걱정 관리는 물론이고 나만의 스트레스 해소 비법도 찾아봤지. 특히, 시험이나 발표를 앞둔 순간에 극도의 압박감 속에서도 마음을 평온하게 유지하는 연습은 앞으로 중요한 순간에 실력을 발휘하는 데 큰 도움이 될 거야.

우리의 긴 공부 여정에서 공부 엔진을 자꾸 꺼뜨리는 동기 부족 그림자를 만나면 '하고 싶다!'는 마음의 불꽃을 살리는 것이 중요해. 이때는 내 꿈과 목표를 다시 확인하고, 공부에서 재미를 찾아보고, 노력하면 실력이 향상된다는 성장 마인드셋을 가지는 것이 도움이 돼. 또 작은 목표 달성으로 성취감을 쌓고, 때로는 '일단 시작'하는 용기를 내는 것만으로도 공부 엔진에 강력한 연료를 채울 수 있어. 그리고 다시 목표를 향해 꾸준히 나아가는 실행력을 발휘해야 하지.

미루기 그림자의 유혹을 이겨내고 지금 당장 시작하는 방법도 배웠어. 이때는 해야 할 공부 분량을 작게 쪼개고, 마법의 5분 규칙을 활용하고, 스마트폰 등 공부를 방해하는 요소를 제거하는 것이 중요해. 그리고 미루기 관리 규칙(기회비용)을 통해 미루기에 대한 책임을 지는 똑똑한 방법도 배웠지.

공부 중에 자칫 딴생각에 빠지지 않도록 하는 방법도 배웠어. 이때는 나에게 맞는 집중 환경을 만들고, 포모도로 기법을 활용하고, 마음 챙김을 통해 다시 공부에 집중해야 해. 뇌에 충분한 휴식과 영양을 주는 것도 중요하지.

마지막으로 공부 여정에서 실패를 경험했을 때 주저앉지 않고 다시 일어서는 연습을 했어. 실패를 끝이 아닌 과정으로 받아들이고, 실패 속에서 배움을 찾아내고, 스스로를 따뜻하게 다독여주는 것이 중요해.

이 모든 노력 끝에 마침내 단단한 학습 멘탈을 갖게 되어도 마음속 그림자들이 완전히 사라진 건 아니야. 우리 가까이에 숨어 있다가 가끔씩 튀어나와서 우리를 힘들게 할 거야. 하지만 이 연습들을 꾸준히 하면 그림자들의 힘은 점점 약해지고, 그림자들이 나를 흔들려고 할 때 마음이 훨씬 덜 흔들리는 것을 느끼게 될 거야.

자, 이제 단단한 학습 멘탈을 만드는 연습을 했으니, 다음 단계로 나아갈 준비가 되었어. 나를 알고, 내 공부를 방해하는 마음속 그림자의 정체를 파악하고, 학습 멘탈을 단단하게 키웠다면, 이제 남은 것은 무엇일까? 바로 더 똑똑하고 효과적으로 공부하는 방법을 배우는 거야. 아무리 학습 멘탈이 단단해도 공부하는 방법을 모르면 공부 시간이 힘들 수 있잖아? 다음 장에서는 '똑똑한 공부 기술'에 대해 이야기할 거야. 시간 관리 비법, 나에게 맞는 학습 방법 찾기, 기억력 높이는 방법, 효과적인 복습 방법 등 현쌤이 교육 전문가로서 알려주는 알짜배기 공부 기술들이 가득 기다리고 있으니 기대해도 좋아!

$$4$$

나에게 맞는
공부 기술은 따로 있다

이제부터 우리는 다양한 공부 기술들을 만날 거야. 하지만 기억해줘! 여기서 배우는 공부 기술들이 모든 친구들에게 똑같이 100% 맞는 정답은 아닐 수도 있어. 중요한 것은 다양한 공부 기술들을 경험해보고, 나에게 가장 편안하고 잘 맞는 공부 옷을 찾아가는 거야.

자, 그럼 나에게 딱 맞는 공부 옷을 만들기 위한 첫 번째 기술은 공부할 때 가장 중요하면서도 자꾸만 부족하게 느껴지는 그것, 바로 '시간'을 똑똑하게 활용하는 방법부터 배워보자.

1. 시간 관리 비법
: "내 시간은 금쪽같지"

친구야, 혹시 하루 24시간이 너무 짧다고 느껴질 때 없니? 학교 갔다 오고, 학원 가고, 과제하고, 친구들이랑 연락 좀 하다 보면 벌써 밤이고. 공부할 시간은 항상 부족한 것 같고. 맞아! 우리 친구들은 정말 바쁘게 살고 있어. 해야 할 것도 많고, 하고 싶은 것도 많고. 이런 상황에서 '시간 관리'는 공부를 똑똑하게 하는 데 있어 가장 기본이 되면서도 가장 중요한 기술이라고 할 수 있어.

왜 시간 관리가 중요하냐고? 음, 보물찾기를 하는데, 보물이 숨겨진 곳을 알아도 정해진 시간 안에 그곳에 도착하지 못하면 보물을 얻을 수 없잖아? 마찬가지로 공부도 정해진 시간(시험 시간, 학기 기간 등) 안에 목표한 것을 해내야 하니까 시간을 잘 활용하는 것이 정말 중요해. 자, 그럼 내 시간을 금쪽같이 잘 활용하기 위한 시간 관리 기술들을 배워볼까?

① 나의 하루 시간 패턴 파악하기

사람마다 하루 중 집중이 잘 되고 머리가 맑은 시간이 다 달라. 아침형 인간이 있고 저녁형 인간이 있잖아? 어떤 친구는 아침 일찍 공부하는 게 효율이 좋고 어떤 친구는 밤늦게 공부하는 게 잘 맞아. 앞서 우리가 '나'를 탐험했던 것처럼 나의 하루 시간 패턴을 파악하는 것이 시간 관리의 첫걸음이야. 내가 언제 집중이 잘 되는지, 언제 에너지가 넘치는지를 일주일 정도 관찰하면서 기록해봐. 그리고 가장 집중이 잘 되는 시간에 어렵거나 중요한 공부(예를 들면, 수학이나 영어)를 배치하는 거야. 가장 힘이 날 때 가장 중요한 일을 하는 것처럼 말이지.

② 주간/일간 계획 세우기

시간 관리는 곧 '계획'이야. 한 주, 하루를 어떻게 보낼지 미리 계획을 세우면 시간을 훨씬 효율적으로 사용할 수 있어.

주간 계획 한 주 동안 해야 할 공부나 중요한 약속 등을 파악하고, 언제 어떤 공부를 할지 생각해봐. 과목별로 공부 시간을 배분하고 쉬는 시간과 노는 시간도 계획에 포함시키는 것이 좋아.

기적의 학습 멘탈 수업

일간 계획 하루의 구체적인 계획을 세우는 거야. 몇 시에 일어나고, 몇 시부터 몇 시까지 어떤 공부를 하고, 언제 쉬고, 언제 밥을 먹을지 등 상세하게 적을수록 좋아.

계획을 세울 때는 '미루기 관리 규칙(기회비용)'도 함께 활용하면 좋아. 만약 공부를 계획대로 실천하지 못하고 부득이하게 미루게 된다면, 계획표에 체크해두고 주말이나 쉬는 시간에 반드시 해내기로 약속하는 거지. 계획을 지키려고 노력하는 것, 그리고 미뤘을 때 책임을 지는 것! 이게 바로 시간 관리의 핵심이야.

③ To-Do List, 똑똑하게 활용하는 법

해야 할 일들을 한눈에 볼 수 있게 적은 To-Do List는 아주 유용한 시간 관리 도구야. 해야 할 일들을 단순히 나열하기보다 중요도나 긴급성을 표시해서 어떤 일부터 먼저 해야 할지 순서를 정하는 것이 중요해. 그리고 작은 일이라도 좋으니 하나씩 끝낼 때마다 목록에서 지워나가는 거야. '완료' 하고 줄을 긋는 순간, 우리 뇌에서 도파민이 분비되면서 기분 좋은 성취감과 함께 다음 일을 할 동기가 생길 거야.

To-Do List를 작성하는 방법은 아주 다양한데, 다음은 실제 학생들이 사용한 방식이야. 이보다 더 간단하게 써도 괜찮아.

할 일	했니?	이해도	만족도	시간
영어 듣기	○	중	하	8:55~9:40
수학 공부				
과학 숙제	△	하	하	8:00~8:50
영어 인강				

* 문제점: 과학 다 안 함.(짜증 나서) 내일 꼭 하자.

날짜	내용	이해도	완료	미루기	시간
2/13 (월)	중학 영어 모의고사 22회 P 50~57	상	○	X	1시간
	중학 과학 P 8~13	X	X	수요일	1시간
	수학 일차함수 P 50~57	상	○	X	2시간
	지난주에 외운 영단어 복습	상	○	X	30분

④ 시간 낭비 요인, 파악하고 줄이기

우리의 소중한 시간을 야금야금 뺏어가는 시간 낭비 요인들을 파악하고 통제하는 것도 시간 관리의 중요한 부분이야. 가장 대표적인 시간 도둑은 역시 스마트폰! 내가 하루 동안 스마트폰을 얼마나 사용하는지, 어떤 앱을 많이 여는지 한번 객관적으로 살펴봐. 그리고 학습 시간이나 집중해야 할 시간에는 스마트폰을 멀리 두거나 사용 시간을 제한하는 규칙을 정하는 거야. 게임이나 짧은 동영상처럼 자꾸만 빠져들게 만드는 것들도 마찬가지야. 앞에서 집중력 키우는 연습을 할 때 방해꾼 제거하기에 대해 이야기했지? 시간 관리에서도 똑같이 중요하단다.

⑤ 계획대로 되지 않았다고 좌절하지 않기

아무리 계획을 꼼꼼하게 세워도 예상치 못한 일 때문에 실행을 못 할 때가 있어. 그때 "망했어!" 하고 좌절하거나 포기하면 안 돼! 계획은 우리를 돕는 도구이지, 우리를 얽매는 감옥이 아니야. 계획대로 되지 않았다면 왜 그렇게 되었는지 살펴보고, 다음 계획을 세울 때 반영하면 돼. 너무 완벽하게 하려고 스트레스를 받기보다 조금 유연하게 대처하는 연습이 필요해. "오늘은 다 못했지만, 내일 조금 더 해서 따라잡아야겠다." 하고 말이야. 중요한 것은 계획 그 자체가 아니라, 계획을 통해 시간을 효율적으로 사용하려는 노력과 유연한 태도란다.

현쌤의 TIP

자, 어때? 시간을 금쪽같이 활용하는 시간 관리 기술들 ─ 나의 하루 시간 패턴 파악하기, 주간/일간 계획 세우기, To-Do List 활용하기, 시간 낭비 요인 줄이기, 그리고 유연한 태도 갖기 ─ 을 꾸준히 연습해봐. 그러면 시간이 부족하다는 생각 대신 '주어진 시간을 알차게 잘 쓰고 있다'는 뿌듯함을 느끼게 될 거야.

2.　이해력 높이는 기술
: 공부의 기초를 탄탄하게

　왜 이해력이 중요할까? 요리사가 요리 레시피를 그대로 따라 하는 것을 넘어 왜 이 재료를 넣어야 하는지, 불 조절을 왜 이렇게 하는지 등 그 이유와 원리를 이해해야 응용해서 더 맛있는 요리를 만들 수 있는 것처럼 공부도 마찬가지야. 단순히 내용을 외우기만 하면 문제가 조금만 다르게 나와도 풀기 어렵고, 시간이 지나면 금방 잊어버리게 돼. 하지만 내용을 제대로 이해하면 문제가 어떻게 변형되든 원리를 응용해서 해결할 수 있고, 머릿속에 더 오래 남게 되지. 공부가 재미있어지는 중요한 순간이기도 하고! 자, 그럼 학습 내용을 완전히 내 것으로 만드는 마법, '이해력 높이는 기술'들을 하나씩 배워볼까?

① 학습 내용을 '능동적으로' 읽고 듣기

책을 읽거나 선생님의 설명을 들을 때, 뇌를 활짝 열고 '능동적으로' 학습 내용을 받아들이는 연습을 해야 해.

읽을 때   책을 읽다가 궁금한 점이 생기면 그냥 넘어가지 말고 '왜 그럴까?', '이게 무슨 뜻이지?', '이건 다른 내용과 어떻게 연결되지?' 하고 스스로에게 질문을 던져봐. 궁금증 레이더를 켜는 거지. 그리고 답을 찾으려고 노력해봐. 모르는 단어나 개념이 나오면 꼭 찾아보고 넘어가기!

들을 때   선생님 설명을 들을 때 "네, 네." 하고 건성으로 대답하지 말고 중요한 내용(핵심 키워드), 이해가 안 되는 부분, 궁금한 점 등을 찾아봐. 이때 이해가 안 되는 부분은 수업이 끝난 후에라도 꼭 질문하기! 질문은 이해력을 높이는 아주 좋은 방법이야.

② 학습 내용을 '나만의 언어'로 정리하기

책에 쓰여 있는 글자, 선생님이 설명해준 내용을 그대로 외우려고 하기보다는, 내가 이해하기 쉬운 '나만의 언어'로 바꿔서 정리하는 연습을 해봐.

요약하기   긴 글을 읽었다면 핵심 내용만 골라서 네 문장(서론,

본론 1, 본론 2, 결론) 정도로 짧게 요약해봐. 이렇게 네 문장으로 요약하는 연습이 익숙해지면, 다시 한 문장으로 압축하는 연습을 해봐. 어떤 내용이 가장 중요한지 파악할 수 있게 돼.

마인드 맵 만들기 학습 내용을 커다란 나무처럼, 중심 개념에서 가지가 뻗어나가듯 그림으로 정리해봐. 내용들 사이의 관계를 한눈에 파악하기 쉬워져.

말로 설명하기 학습 내용을 마치 선생님이 된 것처럼 친구나 가족에게 직접 설명해봐. 다른 사람에게 막힘없이 설명했다면 내가 제대로 이해하고 있다는 뜻이야.

③ 어려운 개념을 눈으로 볼 수 있게 시각화하기

어떤 개념은 글이나 말만으로는 너무 복잡하고 어렵게 느껴질 수 있어. 이럴 때는 그 개념을 그림으로 그리거나 표로 만들어서 시각화하는 것이 이해하는 데 도움이 돼. 역사적인 사건의 흐름을 연표로 만들거나, 복잡한 과학 원리를 간단한 그림으로 표현하거나, 수학 공식을 그림으로 나타내는 것처럼 말이야. 눈으로 보면 우리 뇌가 훨씬 더 쉽게 이해하고 기억하거든.

④ '왜?'라는 질문을 포기하지 않기

학습 내용이 이해가 안 돼도 그냥 넘어가는 친구들이 많아.

기적의 학습 멘탈 수업

이해력 높이는 기술의 핵심은 '왜?'라는 질문을 절대 포기하지 않는 거야. 이 수학 공식은 왜 이렇게 될까? 이 사건은 왜 일어났을까? 과학 원리는 왜 이런 현상을 일으킬까? 모든 학습 내용 뒤에는 이유가 숨어 있어. 그 '왜?'를 파고들고 이해하려고 노력하는 과정 자체가 이해력을 엄청나게 키워줄 거야. 모르는 것은 부끄러운 게 아니라, 배우고 성장할 기회라는 것을 잊지 마.

⑤ 이해가 안 될 때, 용기 내서 '도움 요청'하기

아무리 노력해도 이해가 안 돼서 혼자 끙끙 앓거나 포기하고 싶은 마음이 들 수도 있어. 이럴 때는 주변에 도움을 청하는 용기가 필요해. 선생님께 다시 설명해달라고 하거나, 친구에게 물어보거나, 인터넷 강의를 찾아보는 거지. 이렇게 주변의 도움을 받는 것은 공부 시간을 훨씬 효율적으로 만들어줄 거야.

현쌤의 TIP

자, 어때? 학습 내용을 내 것으로 만드는, 이해력 높이는 기술들―능동적으로 읽고 듣기, 나만의 언어로 정리하기, 시각화하기, '왜?'라는 질문을 포기하지 않기, 그리고 주변에 도움 요청하기―을 꾸준히 연습해봐. 공부한 내용들이 머릿속에 쏙쏙 들어오고, 공부가 더 재미있고 의미 있게 느껴질 거야. '이해'는 공부의 가장 단단한 기초거든.

3. 기억력 높이는 마법
: 망각 곡선 이기기

우리는 앞에서 공부한 내용을 완벽하게 내 것으로 만들기 위해 이해력 높이는 기술을 연습했어. 그리고 이제부터는 공부한 내용을 잊어버리지 않고 머릿속 보물 창고에 꼭꼭! 안전하게 저장해두는 아주 중요하고 신비로운 마법, 바로 '기억력 높이는 마법'을 배울 거야. 학교 시험을 볼 때는 물론이고 내가 좋아하는 것을 배우거나 어떤 것을 평생 기억하고 싶을 때도 꼭 필요한 마법이지.

"음, 기억력 마법이라니? 나한테 그런 게 가능할까요? 나는 아무리 외워도 돌아서면 잊어버리는데." 하는 친구들도 있을 거야. 괜찮아! 우리 뇌는 원래 무언가를 배우면 시간이 지나면서 자연스럽게 잊어버리도록 설계되어 있어. '망각 곡선(Forgetting

Curve)'이라는 거, 들어본 적 있니? 독일의 심리학자 헤르만 에빙하우스(Hermann Ebbinghaus)가 발견한 건데, 우리가 어떤 새로운 것을 배우면 시간이 지날수록 기억이 점점 희미해져서 나중에는 거의 대부분을 잊어버린대. 에빙하우스는 이걸 그래프로 나타냈어. 에빙하우스의 망각 곡선을 보면, 학습을 하고 불과 10분 뒤부터 잊기 시작해서 하루 뒤에는 절반 이상을 잊고, 한 달 뒤에는 거의 대부분을 잊게 돼. 정말 충격적인 이야기지?

하지만 너무 실망하지는 않았으면 좋겠어. 왜냐면 망각 곡선에는 우리에게 희망을 주는 아주 중요한 비밀이 숨겨져 있거든. 바로 '적절한 시점'에 '똑똑하게 복습'하면 잊어버리는 속도를 늦추고, 기억을 아주 오래 유지할 수 있다는 사실이야. 그러니까 기억력 높이는 마법은 기억력 자체를 천재처럼 만들어주는 것이 아니라, 우리 뇌의 자연스러운 망각 현상을 이해하고, 똑똑하고 꾸준하게 복습하여 망각을 이겨내는 기술이란다. 노력과 꾸준함이 만들어내는 멋진 마법인 거지. 자, 그럼 기억력을 마법처럼 쑥 높여줄 몇 가지 방법들을 함께 살펴볼까?

① 간격 복습

시간이 지날수록 기억이 희미해지는 것을 이기는 가장 강력하고 기본적인 마법은 바로 반복이란다. 하지만 아무 때나 반복하는 것이 아니라, 잊어버리기 '직전'에 다시 만나주는 '똑똑한 반복'이야. 이걸 '간격 복습(Spaced Repetition)'이라고 해.

처음 배우고 나서 10분 안에 새로운 내용을 배우자마자 아주 짧게라도 한번 훑어봐. 눈으로 훑어도 좋고, 옆 친구에게 "ㅇㅇ아, 방금 배운 거 이거 맞지?" 하고 말로 확인하는 과정을 거쳐도 좋아. 이렇게 배우자마자 바로 복습하면 우리 뇌가 '음, 이 내용은 중요한가 보다. 잘 기억해둬야지.' 하고 일하게 하는 효과가 있어.

배우고 나서 약 24시간 뒤에 하루가 지나면 기억이 꽤 많이 희미해져. 이때 학습한 내용을 다시 한 번 꺼내서 보는 거야. 어제 배웠던 것을 다시 보면 새롭기도 하지만, "아, 이런 내용이었지." 하고 기억이 되살아나는 경험을 할 수 있어.

배우고 나서 약 일주일 뒤에 일주일 전에 배운 내용을 다시 확인해봐. 이제 뇌는 '음? 전에 한 번 봤던 내용인데? 또 보네? 이거 진짜 중요한가 보다. 장기 기억 창고로 옮겨야겠다.'라고 생각할 거야. 장기 기억 창고로 가는 중요한 문을 통과하는 거지.

배우고 나서 약 한 달 뒤에 한 달 전에 배운 내용을 다시 복습하는 거야. 한 달이라는 꽤 긴 시간이 지났는데도 기억이 남아 있다면, 머릿속 보물 창고에 안전하게 저장할 준비가 거의 끝났다는 뜻이야. 이제 필요할 때 언제든 짜잔~ 하고 꺼내 쓸 수 있을 거야.

기적의 학습 멘탈 수업

이렇게 처음에는 짧은 간격으로, 그리고 점점 간격을 벌려가면서 규칙적으로 복습하면, 학습한 내용이 단기 기억에서 장기 기억으로 이동하게 돼. 이건 벼락치기처럼 시험 직전에만 잠깐 효과가 있는 불안정한 마법이 아니라, 평생 지식이 될 수 있도록 돕는 아주 강력한 마법이야.

② 연상법, 키워드 스토리, 장소법

우리 뇌는 죽 나열된 재미없는 숫자나 글자보다는 내가 이미 잘 알고 있고 내 마음에 와 닿고 내 상상력을 자극하는 재미있는 이야기나 정보, 또는 생생한 이미지와 연결된 지식과 정보를 훨씬 더 잘 기억한단다. 마치 좋아하는 게임 캐릭터의 이름이나 아이돌의 노래 가사가 잘 외워지는 것처럼 말이야. 이걸 활용해서 기억력을 높이는 몇 가지 방법이 있어.

연상법(Association) 외워야 할 단어나 개념을 내가 잘 알고 있는 다른 단어나 이미지, 혹은 소리와 연결해서 재미있는 이야기나 장면을 떠올려봐. 예를 들어 영어 단어 'Exit(출구)'를 외울 때, "엑시트? 영화 제목이랑 같네. 영화 주인공이 탈출했던 출구!" 하고, 나만의 상상력을 발휘하는 거야.

키워드 스토리(Keyword Story) 중요한 단어나 개념(키워드)들을 모아서 재미있는 이야기나 문장으로 만들어 외우는 거야. 한국사 공부를 할 때 사건의 핵심 키워드(예: 임진왜란—이순신—한산도대첩—거북선)를 연결해서 '임진왜란 때 이순신 장군이 거북선을 만들어 한산도대첩에서 승리했다' 같은 하나의 문장을 만드는 거지. 학습 키워드를 하나의 스토리로 묶으면 기억하기가 훨씬 쉬워진단다.

장소법(Method of Loci/Memory Palace) 고대 그리스 시대부터 사용된 아주 강력한 기억 마법이야. 내가 잘 알고 있고 눈앞에 생생하게 떠올릴 수 있는 장소(내 방 구석구석, 등굣길의 풍경 등)를 떠올리고, 내가 외워야 할 정보들(단어 목록, 역사 연표, 과학 공식 등)을 특정 장소(내 방이라면 책상 위, 책장, 침대 옆, 창문가 등)에 놓아둔다고 상상하는 거야. 그리고 그 장소를 천천히 둘러보는 상상을 하면서, 각 장소에 놓아두었던 정보들을 하나씩 '찾아 꺼내는' 거지.

이렇게 내가 학습한 내용에 나만의 상상력과 재미, 그리고 내가 알고 있는 지식과 정보를 더해서 '의미'를 연결해주는 것! 이것이 학습 내용을 머릿속에 착 달라붙게 만들어줄 거야.

③ 기억을 꺼내는 '인출 연습'

많은 친구들이 복습할 때 책이나 필기 노트를 눈으로 죽 훑곤 해. '한번 봤으니까 됐지!' 하고 말이야. 하지만 이건 눈만 바쁘

기적의 학습 멘탈 수업

게 움직이는 복습일 뿐, 우리 뇌를 사용해서 정보를 오래도록 저장하는 복습은 아니야. 뇌가 정보를 진짜 기억하고 있는지 확인하고, 그 기억을 더 오래가게 만드는 방법은 따로 있어. 바로 '인출 연습(Retrieval Practice)'이야! 인출 연습이란 머릿속에 저장된 정보를 밖으로 '꺼내는(인출하는)' 연습을 말해. 뇌가 정보를 검색하고 찾는 연습을 할 때 기억은 훨씬 단단해진단다.

백지 복습 책을 덮고 아무것도 없는 깨끗한 백지에 학습한 내용을 머릿속에서 떠오르는 대로 다 적어보는 거야. 핵심 키워드, 개념 설명, 공식, 그림 등 뭐든지 말이야. 머릿속에서 끄집어낼 수 있는 모든 것을 다 써봐. 다 쓴 후에는 책이나 필기 노트와 비교해봐. 그러면 내가 뭘 기억하고 있고, 어떤 부분을 잊어버렸는지, 헷갈려 하는지 정확하게 알 수 있어. 내가 뭘 알고 뭘 모르는지 파악하는 힘, 이걸 '메타인지(Metacognition)'[4]라고 해. 내 공부를 스스로 돌아보고 조절하는 아주 중요한 힘이야. 백지 복습을 활용해 공부하면 메타인지 능력을 쑥쑥 키울 수 있지.

---

[4] 메타인지는 '생각에 대해 생각하는 능력'으로, 자신의 인지 과정을 스스로 인식하고 조절하는 능력을 말한다.

다른 사람에게 설명하기 학습한 내용을 마치 선생님이 된 것처럼 친구나 가족, 혹은 내가 아끼는 인형에게 설명해보는 거야. 설명을 하다가 말이 막히거나 어색한 부분이 있다면 "아, 내가 이 부분은 아직 제대로 이해하지 못했구나." 또는 "내가 정확히 기억하지 못하는구나." 하고 바로 알아차릴 수 있어.

문제 풀기 문제를 푸는 것은 내가 배운 내용을 이해했는지, 잘 기억하고 있는지, 그리고 실생활이나 새로운 상황에 적용할 수 있는지까지 한번에 확인할 수 있는 최고의 인출 연습이야. 특히, 틀린 문제는 내가 뭘 모르고 헷갈리는지 정확히 알려주는 아주 귀한 보물이니, 꼭 다시 풀어보고 왜 틀렸는지 원인을 알아보는 것이 중요해. 모든 공부에서 오답 노트는 최고의 인출 연습 도구란다.

이렇게 머릿속에서 기억을 꺼내는 연습을 하는 것이 눈으로만 보는 것보다 기억력을 훨씬 높이는 방법이야. 뇌를 움직이게 만들고, 내가 아는 것과 모르는 것을 정확히 구분하게 해주거든.

④ 몸과 마음 건강하게 관리하기

기억력을 마법처럼 쑥쑥 높이는 데 아주 중요하지만, 많은 친구들이 "에이, 그게 공부랑 무슨 상관이야?" 하고 놓치는 부분이 있어. 바로 내 몸과 마음을 건강하게 관리하는 거야. 뇌는 우리 몸의 가장 중요한 부분이잖아? 몸이 건강하고 마음이 편안할 때 우리 뇌는 더 활발하게 움직여. 정보도 더 잘 받아들이고, 더 잘 기억하고, 그리고 더 잘 꺼내 쓸 수 있지.

잠을 충분히 자기 잠자는 동안 뇌는 우리가 낮에 학습한 지식과 정보들을 꼼꼼하게 정리하고, 중요하다고 생각하는 것들은 단기 기억 창고에서 장기 기억 창고로 옮기는 작업을 해. 마치 낮 동안 어질러놓았던 방을 밤에 말끔하게 정리하는 것처럼 말이지. 밤늦게까지 무리해서 공부하기보다 충분히 자고 일찍 일어나서 맑은 정신으로 공부하는 것이 기억력에 훨씬 좋은 것도 이와 같은 맥락이야.

규칙적으로 운동하기 몸을 움직이면 뇌로 가는 피와 산소가 풍부해지고, 뇌 건강과 기억력에 도움이 되는 물질(뇌 성장 인자)이 나온다고 해. 숨이 살짝 찰 만큼 가볍게 걷거나 뛰고, 좋아하는 운동(줄넘기, 자전거 타기, 춤추기 등)을 규칙적으로 하는 것만으로도 뇌를 건강하게 만들고 기억력 향상에 도움이 될 수 있단다.

영양가 있는 음식 골고루 먹기 뇌가 똑똑하게 일하려면 영양분이 필요해. 인스턴트 음식이나 단 음식을 너무 많이 먹기보다는 채소, 과일, 견과류, 생선처럼 뇌 건강에 좋다고 알려진 음식들을 골고루 맛있게 먹으려고 노력해보자.

스트레스 관리 과도한 스트레스는 뇌를 피곤하게 만들고 기억력과 집중력을 떨어뜨릴 수 있어. 앞에서 배운 불안과 스트레스 관리법(심호흡, 걱정 시간 갖기, 마음 챙김 등)을 꾸준히 하면 뇌 건강에 큰 도움이 될 거야. 마음이 편안해야 기억력도 좋아진단다.

⑤ '예습→수업→복습→질문'의 황금 사이클

우리가 지금까지 이야기 나눈 기억력 높이는 방법들을 공부 과정에서 활용할 수 있는 가장 실천적인 방법은 바로 '예습→수업→복습→질문'으로 이어지는 황금 사이클을 만드는 거야. 이 황금 사이클은 뇌가 새로운 정보를 받아들여 내 것으로 만드는 전 과정에서 잊어버리기 전에 다시 보고! 아는 것과 모르는 것을 정확히 구분하고! 모르는 것을 해결하는! 마법의 힘을 발휘하게 해주지. 어떻게 하는 거냐고? 아주 간단하고 쉽단다.

예습! 수업 시작 전 5분 투자 수업 시작 직전! 선생님이 수업 준비를 하시거나 친구들이 자리에 앉아 수업 시작을 기다리는 바로 그 짧은 시간에 단 5분만 투자해서! 학습할 내용의 제목을 읽어보거나, 목차를 살펴보거나, 그림이나 사진, 그래프, 굵은 글씨들을 빠르게 훑어보는 거야. '오늘은 이런 내용을 배우는구나. 이런 단어가 나오는구나. 이 그림은 뭘 설명하는 걸까?' 하면서 말이지. 이렇게 짧은 예습만으로도 우리 뇌는 '아, 곧 이런 정보가 들어오겠구나.' 하고 미리 준비를 해. 그리고 내가 알고 있는 내용과 새롭게 배울 내용을 구분하게 돼. 마치 씨앗을 뿌릴 자리를 미리 고르는 것처럼 말이야.

수업! 집중과 메모, 질문 이제 본격적인 수업 시간이야. 예습을 통해 내가 '아는 것'과 '모르는 것(또는 궁금한 것)'을 살짝 구분해 두었으니, 수업에 더 잘 집중할 수 있을 거야. 선생님이 내가 아는 내용을 설명할 때는 '역시 그렇구나.' 하면서 기억을 단단하게 만들 수 있어. 내가 예습할 때 궁금했던 부분이나 몰랐던 내용이 나올 때는 눈을 반짝이며 더 집중해서 듣게 되겠지? 선생님의 설명을 들으면서 새롭게 알게 된 내용이나 중요한 내용, 그리고 헷갈리는 부분은 책이나 노트에 간단하게 메모하는 것도 아주 좋은 방법이야.

복습! 수업 끝난 후 5분 투자 수업이 끝나자마자 친구와 수다 떨기 전에, 혹은 다음 수업 전에 5분만 투자해서! 방금 들었던 수업 내용을 빠르게 한번 훑어보는 거야. 수업 중에 필기했던 내용, 메모했던 부분들을 중심으로 말이야. 이렇게 수업이 끝난 직후, 바로 복습하는 것은 망각 곡선을 이기는 '간격 복습'의 가장 강력한 방법이야. 뇌가 방금 보고 들은 따끈따끈한 정보를 다시 한 번 확인하면서 기억을 단단하게 만들지.

질문! 그래도 모르겠으면 선생님께 물어보기 예습, 수업, 복습까지 했는데도 '음, 이건 아직도 잘 모르겠는데?' 하는 부분이 있을 수 있어. 괜찮아! 그건 자연스러운 거야. 내가 뭘 알고 뭘 모르는지 정확히 알고 있다는 뜻이기도 하고. 이럴 때는 혼자 끙끙대지 말고 용기를 내서 선생님께 질문을 해봐. 쉬는 시간이든, 방과 후든 선생님께 찾아가서 "선생님, 아까 수업 시간에 이 부분이 조금 헷갈렸는데 다시 설명해주실 수 있어요?" 하고 도움을 청하는 거야.

질문을 하고 설명을 들으면서 헷갈렸던 부분이 명확하게 이해되는 순간, 머릿속에 있던 지식의 구멍이 메워지면서 기억은 아주 강력해진단다. 질문하는 용기는 학습 멘탈을 키우는 중요한 힘이고, 선생님은 우리의 공부 여정을 돕는 가장 든든한 조력자라는 것을 잊지 마!

내가 만난 친구 중에 '예습(5분) → 수업 → 복습(5분) → 질문'의 황금 사이클을 아주 잘 활용한 친구가 있어. '공부할 때는 공부하고 놀 때는 확실하게 놀자!'는 신념을 가진 친구였지. 사실, 이 친구는 놀기를 워낙 좋아해서 학교가 아닌 다른 곳(학원 등)에서 공부하는 것을 극도로 싫어했지. 이 친구는 "주말엔 놀 거야!"라고 어머니에게 선언하고는 힘들고 피곤해도 주중에 모든 공부를 끝냈어. 그 덕에 주중에 학교 수업 효율을 극대화하는 황

기적의 학습 멘탈 수업

금 사이클 전략을 스스로 찾아냈어.

이 친구에게는 비장의 무기가 있었는데, 그건 바로 국어, 영어, 수학은 물론 한문, 기술·가정까지 전 과목 자습서를 집에 갖춰놓은 거야. 내가 왜 그런 방법을 선택했냐고 묻자, 이 친구는 우연히 교실에서 '교사용 지도서'라는 것을 봤는데, 그 내용이 자습서와 똑같다는 것을 알았다고 했어. 선생님의 모든 설명이 자습서 안에 있다는 걸 알게 된 거지. 그래서 이 친구는 학교와 집에서의 공부를 철저히 구분해서 자습서를 활용했어.

집에서는 예습과 복습을 했어. 학교 갔다 집에 오면 바로 자습서를 펴고 오늘 배운 내용을 읽어봤어. 이때는 '선생님이 제대로 설명했나?' 하며 선생님의 설명을 확인하듯 읽었어. 이렇게 복습을 마치고 나면, 내일 공부할 내용을 예습했어. '선생님이 어떤 것을 말하려나?' 하는 생각으로 자습서를 훑어봤지.

학교에서는 수업 시작 전 5분 동안, 교과서를 보면서 어제 자습서로 봤던 내용을 떠올리며 수업 준비를 했어. 수업 중에는 집중했고, 수업이 끝난 후에는 방금 배운 내용을 머릿속에 떠올려보거나 때로는 필기 노트를 눈으로 한번 훑기도 했어.

이 친구는 성적은 아주 좋았고, 자신이 원하던 대로 주말에 마음껏 놀 수 있었어. 심지어 어머니에게 학원을 다니지 않으니 용돈을 더 올려달라고 요구하기도 했지.

이 친구는 자신에게 필요한 도구를 파악하고, 주어진 상황(학교 수업)을 최대한 활용했어. 무엇보다 주말에는 놀아야 하니 주중에 끝낸다는 강력한 의지가 최고의 효율을 만든 거지.

'예습(5분) → 수업 → 복습(5분) → 질문'의 황금 사이클은 기억력은 물론 학습 능력을 마법처럼 향상시킬 수 있는 아주 강력한 방법이야. 이 황금 사이클을 꾸준히 실천하면, 배우고 돌아서면 바로 잊어버린다는 걱정을 더는 하지 않게 될 거야. 스스로 배우는 힘을 기르고, 학습 멘탈을 단단하게 만들고, 꿈을 향해 씩씩하게 나아갈 수 있을 거야.

현쌤의 TIP

자, 어때? 기억력을 높이는 기술들—간격 복습, 연상법/키워드 스토리/장소법, 기억을 꺼내는 인출 연습(백지 복습, 다른 사람에게 설명하기, 문제 풀기), 몸과 마음 건강하게 관리하기, 그리고 '예습 → 수업 → 복습 → 질문'의 황금 사이클 만들기—을 꾸준히 실천해봐. 그러면 어렵게 이해한 내용들이 머릿속 보물 창고에 꼭꼭 저장되고, 필요한 순간에 짜잔~ 하고 나타날 거야.

기적의 학습 멘탈 수업

4. 효과적인 복습 기술
: 아는 것을 더 확실하게

　자, 이제 우리가 열심히 공부하고, 이해하고, 기억하려고 노력한 소중한 학습 내용들을 머릿속에 단단하게 저장하는 마지막 관문이 남았어. 바로 '복습'이란다. 복습을 중요하게 생각하지 않는 친구들이 종종 있는데, 이건 정말 안타까운 실수야. 복습은 공부의 완성이고, 우리가 투자한 시간과 노력을 몇 배로 되돌려주는 아주 멋진 기술이거든.

　왜 복습이 그렇게 중요하냐고? 우리 뇌는 시간이 지나면 기억을 많이 잊는다고 했지? 이 현상을 설명하는 유명한 개념이 바로 망각 곡선이고. 망각 곡선에 따르면, 우리가 무언가를 배우고 나서 20분만 지나도 약 40%를 잊어버리고 하루가 지나면 70% 이상을 잊어버린다고 해. 복습은 바로 이 무서운 망각 곡선을 극복하고, 공부한 내용을 단기 기억에서 끄집어내서 장기 기억으로 보내는 가장 확실한 방법이야. 공부한 내용을 다시 꺼내어 사용하면서 뇌에 '이 정보는 중요해. 지우면 안 돼.' 하고 신호를 보내는 거지. 그럼, 내가 아는 것을 더 확실하게 만들고, 시험 때 바로 꺼내 쓸 수 있게 만드는 효과적인 복습 기술들을 하나씩 배워볼까?

① 언제 복습해야 가장 효과적일까? '간격 복습' 활용하기

복습은 아무 때나 하는 것보다 '적절한 타이밍'에 하는 것이 효과적이야. 망각 곡선에 따르면, 우리는 배우고 난 직후부터 잊기 시작해. 그래서 가장 좋은 복습 타이밍은 다음과 같아.

수업/공부가 끝난 직후 배운 내용이 머릿속에 생생하게 남아 있을 때 핵심 내용을 한번 빠르게 훑어보는 거야. 5~10분만 투자해도 엄청난 효과가 있어. '오늘 뭘 배웠지?' 하고 떠올려보는 것만으로도 효과가 좋아.

다음 날 배운 내용이 희미해지기 시작할 때쯤 다시 한 번 보는 거야.

일주일 뒤 일주일 전에 배운 내용을 복습!

한 달 뒤 한 달 전에 배운 내용을 복습!

기적의 학습 멘탈 수업

이렇게 점점 간격을 벌려가면서 여러 번 복습하면, 학습한 내용이 단기 기억에서 장기 기억으로 이동해서 머릿속에 아주 오래 남게 된단다. 처음에는 좀 번거롭게 느껴질 수 있지만, 장기적으로 보면 공부 시간을 훨씬 효율적으로 사용할 수 있게 되지. 참고로 벼락치기는 시험 직전에만 효과가 있는 불안정한 방법이라는 것, 잊지 말고.

② 복습은 눈으로만 하는 게 아니야! '뇌'를 사용하기

많은 친구들이 복습할 때 책이나 필기 노트를 눈으로 죽 훑어보는데, 이건 효과가 좀 떨어지는 방법이야. 앞에서 기억력 높이는 기술을 이야기할 때 나왔던 '인출 연습'이 복습에서도 정말 중요해. 인출 연습은 머릿속에 저장된 정보를 시험 볼 때처럼 실제로 꺼내보는 연습을 말해. 정보를 꺼내려고 노력하면 할수록 기억은 더 단단해지지.

백지에 써보기 학습한 내용을 떠올리면서 빈 종이에 생각나는 것을 다 써봐. 개념, 공식, 이름, 사건 등 생각나는 대로 쭉쭉 써보는 거야. 다 쓴 후에 책과 비교해보면 내가 뭘 잊어버렸는지 알 수 있어.

스스로에게 질문하고 답하기 책을 보지 않고 '이 개념은 뭐였지?', '이 사건의 결과는 어땠지?' 하고 스스로에게 질문하고 답해보는 거야. 혼자서 선생님과 학생 역할을 모두 해보는 거지.

말로 설명하기 학습한 내용을 친구나 가족에게 직접 설명해보는 거야. 설명을 하다가 막히는 부분이 있다면, 아직 완벽하게 기억하지 못하거나 이해하지 못한 부분이겠지?

이렇게 뇌에서 공부한 내용을 다시 꺼내보는 인출 연습을 할 때, 그 내용이 머릿속에 더 단단하게 자리를 잡는단다. 그뿐 아니야. 내가 아는 것과 모르는 것을 정확히 파악하는 메타인지 능력을 키우는 데에도 큰 도움이 되지.

③ '오답 노트' 활용은 복습의 필수!

시험지나 문제집에서 틀린 문제를 보면 너무 속상하고 다시 보고 싶지 않지? 하지만 틀린 문제만큼 중요한 공부는 없어. 틀린 문제에는 내가 무엇을 모르는지, 어디서 실수하는지에 대한 중요한 정보가 담겨 있거든. 그래서 오답 노트가 필요한 거야. 오답 노트에 틀린 문제와 맞는 풀이 과정, 그리고 왜 틀렸는지, 같은 실수를 반복하지 않으려면 다음에 어떻게 해야 할지 기록해두면 시험 직전에 복습 용도로 정말 좋아. 틀린 문제를 확실히 내 것으로 만드는 것! 이것이 바로 실력을 한 단계 끌어올리는 중요한 복습 기술이야.

④ 다양한 방법으로 '재미있게' 복습하기

복습이 지루하게 느껴지면 오래 하기 힘들겠지? 이럴 땐 복습을 다양한 방법으로 재미있게 시도해봐.

- 친구와 서로 묻고 답하면서 복습하기(퀴즈)
- 공부한 내용을 그림이나 만화로 그리기(시각화)
- 관련 영상이나 다큐멘터리 찾아서 보기
- 공부 앱이나 프로그램을 활용해 게임처럼 복습하기

나에게 맞는 가장 재미있고 효과적인 복습 방법을 찾는 것이 중요해. 앞서 이 책 1장에서 '나'를 탐구하고 알았으니, 어떤 방식이 나에게 잘 맞을지 생각하면서 다양한 방법을 시도해봐.

현쌤의 TIP

자, 어때? 아는 것을 더 확실하게 만드는 효과적인 복습 기술들—적절한 타이밍에 간격 복습하기, 뇌를 사용해서 인출 연습하기, 오답 노트 활용하기, 그리고 다양한 방법으로 재미있게 복습하기—을 꾸준히 실천해보는 거야. 그러면 힘들게 공부한 내용들이 머릿속에 단단하게 뿌리내릴 거야.

5.   시험에서
제 실력 발휘하는 연습

자, 이제 똑똑한 공부 기술에 대해 배우는 다섯 번째 시간이야. 지금까지 우리는 시간 관리 비법, 이해력 높이는 방법, 기억력 키우는 방법, 그리고 효과적인 복습 기술을 익혔어. 마지막으로 배울 똑똑한 공부 기술은 공부라는 긴 여정에서 반드시 마주하게 되는 중요한 순간, 즉 시험에서 그동안 갈고닦은 실력을 마음껏 발휘하는 방법을 배울 거야.

긴장된다고? 괜찮아! 많은 친구들이 시험이라는 단어만 들어도 심장이 쿵쾅거리거나 가슴이 울렁거리곤 해. 기분이 급격히 다운되는 친구들도 있고. 그리고 시험을 볼 때는 압박감 때문에 아는 것도 실수하고, 시간이 부족하게 느껴지고, 결국 제 실력을 발휘하지 못해서 속상해하기도 해. 하지만 기억해! 우리는 이

기적의 학습 멘탈 수업

책 3장에서 단단한 마음(학습 멘탈)을 만드는 연습을 충분히 했어. '나는 할 수 있다!'고 스스로 믿는 힘, 불안과 스트레스 다스리기, 실패해도 다시 일어서는 회복 탄력성까지! 시험에서 실력을 제대로 발휘하는 기술은 이 단단한 마음 바탕 위에 쌓아 올려야 효과가 있단다.

시험은 내가 얼마나 열심히 공부했는지, 얼마나 제대로 이해하고 기억하고 복습했는지를 확인하는 과정이야. 시험 결과가 나의 전부를 말해주는 것은 절대 아니지만, 내가 노력한 결과를 확인하고 이후 공부의 방향을 잡는 데 중요한 역할을 해. 자, 그럼 시험이라는 무대 위에서 실력을 마음껏 펼치는 방법들을 하나씩 배워볼까?

① 시험 계획, 미리미리 똑똑하게 세우기

시험 기간이 다가왔는데 "뭘 어떻게 해야 하지?" 하고 우왕좌왕하면 불안감만 커져. 이럴 땐 시험 계획을 미리 세우는 것만으로도 마음이 훨씬 편안해지고 공부에 집중할 수 있지.

시험 범위 파악 어떤 과목을 어디까지 공부해야 하는지 다시 한 번 확인하기

시간 배분 시험까지 남은 시간을 과목별, 내용별로 적절하게 배

분하고, 언제 무엇을 공부하고 복습할지 구체적으로 계획 세우기(주간/일간 계획 세우기)

약점 파악 및 집중 틀린 문제나 헷갈리는 개념(오답 노트 활용)을 중심으로 내가 약한 부분을 파악하고, 그 부분에 더 많은 시간을 투자해서 집중적으로 공부하기

② 실전처럼 연습하기(모의고사 활용)

우리가 아무리 공부를 열심히 했더라도, 실제 시험 환경에서 정해진 시간에 맞춰 문제를 풀려면 시험 기술이 필요해. 그리고 그 기술을 익히기는 어렵지 않아.

시간 맞춰 문제 풀기 문제집을 풀 때나 기출문제를 풀 때, 실제 시험 시간과 똑같이 시간을 정해두고 풀어보는 연습을 해봐. 제한 시간 안에 문제를 푸는 감각을 기를 수 있어.

실제 시험 환경과 비슷하게 가능하다면 조용하고 집중할 수 있는 환경에서, 실제 시험처럼 책상 위에 필기구와 문제집 외 다른 것은 아무것도 올려두지 않고 문제 푸는 연습을 하는 것이 좋아.

모의고사를 활용하는 것도 실전 연습에 아주 효과적이야. 실제 시험처럼 문제를 풀고, 시간 배분은 어떻게 했는지(문제 푸는 시간

및 답안지 표기 시간 확인), 모르는 문제가 나왔을 때 내가 어떻게 대처했는지 등을 알 수 있어. 만약 모르는 문제가 나왔을 때 내가 그 문제를 너무 오래 붙잡고 있어서 시험 시간이 부족했다면, '실제 시험에서는 어려운 문제는 일단 건너뛰고 다른 문제를 다 풀고 나서 남은 시간에 풀자.'와 같은 시험 전략을 세울 수 있어.

③ 시험 당일, 컨디션 관리도 실력이야!

시험 당일, 몸과 마음의 상태는 실력 발휘에 엄청난 영향을 미쳐. 그러니 시험 며칠 전부터는 미리 몸과 마음을 관리하는 것이 좋아.

충분한 수면 시험 전날 밤새 공부하기보다는 잠을 충분히 자서 뇌를 잘 쉬게 해주는 것이 중요해. 잠자는 동안 뇌가 공부한 내용을 정리하고 저장한다고 한 거 기억하지?

건강한 식사 시험 날 아침에는 속이 편한 음식을 먹어서 뇌가 잘 작동하도록 도와주는 것이 좋아.

심호흡 및 마음 다스리기 시험장에 들어가기 전, 그리고 시험지를 받기 직전에 심호흡을 크게 세 번 하면서 마음을 진정시켜 봐. "나는 할 수 있어!"라고 스스로에게 긍정적인 말을 해주는 것도 잊지 말고.

④ 시험 중에 똑똑하게 문제 푸는 요령

시험 시간은 정해져 있고 풀어야 할 문제는 많아. 이럴 때 당황하지 않고 효율적으로 문제를 푸는 요령이 정말 중요해.

아는 문제부터 빠르게 풀기 내가 확실히 알고 빠르게 풀 수 있는 문제부터 풀어도 돼. 자신감을 얻고 시간을 절약할 수 있어.

모르는 문제는 과감하게 넘어가기 답이 잘 나오지 않는 문제는 오래 붙잡고 있지 마! 일단 넘어가고 다른 문제를 다 푼 다음에 시간이 남으면 다시 돌아와서 푸는 것이 좋아.

답안지는 꼼꼼히 확인하며 작성하기 답을 답안지에 옮겨 쓸 때 밀려 쓰거나 잘못 표기하는 실수는 정말 안타깝잖아. 답안지를 쓸 때 꼼꼼하게 확인하는 습관을 미리 들여놓도록 하자.

⑤ 시험 결과에 좌우되지 않고 '배움' 찾기

시험 결과는 내가 노력한 과정의 일부를 보여줄 뿐이야. 결과에 일희일비하거나 혹여 점수가 낮다고 스스로를 자책하지는 마! 앞에서 '실패에서 배우는 힘', 이야기했지? 시험 결과도 다음 공부를 위한 중요한 정보이자 과정이야. 실수든 실패든 모두 가슴이 많이 아프겠지만, 실수와 실패에서도 배우고 다시 일어서서 다음 시험을 준비해야 해. 그리고 이때 놓치지 말아야 할 것이 있어. 목표한 대로, 또는 그 이상으로 시험 점수가 높다면 당연히 스스로를 칭찬하고 보상을 해주어야 해. 그와 반대로 목표한 것보다 시험 점수가 낮더라도 내가 노력한 것, 그리고 잘한 것은 꼭 칭찬하고 격려해주어야 해.

결과 분석하기 시험 결과를 보면서 내가 어떤 부분을 잘하고 어떤 부분이 부족한지 냉정하게 분석해봐. 틀린 문제는 왜 틀렸는지(오답 노트 만들기), 시간이 부족했다면 어디서 시간을 많이 썼는지 등을 확인하고 다음 시험을 대비하는 거야.

스스로 격려하기 노력한 과정 자체를 칭찬하고, 잘한 부분에 대해 스스로 뿌듯함을 느껴봐. 공부와 시험 과정에서의 노력을 인정하는 것은 나의 자존감과 다음 도전을 위한 동기를 충전하는데 정말 중요해.

현쌤의 TIP

자, 어때? 시험에서 실력 발휘하는 연습들—시험 계획 세우기, 실전처럼 연습하기, 컨디션 관리, 시험 문제 푸는 요령, 그리고 결과에 좌우되지 않고 배우는 태도—을 꾸준히 하면 중요한 시험에서 당황하지 않고, 내 실력을 마음껏 보여줄 수 있을 거야. 시험은 나의 성장을 확인하는 즐거운 기회가 될 수 있단다.

5

관계 속에서 힘 얻기

긍정적인 학습 멘탈 시너지

친구야! 우리는 이 책 1장에서 '나'를 알고, 2장에서 공부를 방해하는 마음 속 그림자의 정체를 파악하고, 3장에서 학습 멘탈을 단단하게 키우고, 4장에서 나에게 맞는 공부 기술을 익혔어. 그리고 지금부터는 공부라는 여정을 혼자서 힘들게 걷는 것이 아니라, 주변 사람들과 '함께' 걸으면서 서로에게 힘이 되어주는 방법을 배울 거야. 우리를 둘러싼 관계 속에서 어떻게 정서적 안정과 학습적 지지를 얻고, 서로에게 긍정적인 영향을 줄 수 있는지 알아볼 거야. 혼자 힘들어하지 않고, 소중한 사람들과 함께 성장하는 방법을 배우는 거지.

생각해봐! 아무리 튼튼한 갑옷을 입고 좋은 무기를 가졌어도 홀로 싸우는 것보다는 든든한 친구, 동료와 함께 싸울 때 더 용기가 나고 힘이 나잖아? 공부도 마찬가지야. 우리 모두는 서로 '연결'되어 있어. 그리고 그 연결 속에서 엄청난 멘탈 시너지(긍정적인 힘이 합쳐져 더 큰 효과를 내는 것)를 만들어내지. 자, 그럼 왜 우리는 혼자가 아닐 때 더 강해지는지, 관계가 우리 마음을 어떻게 튼튼하게 하는지 그 비밀부터 파헤쳐보자!

1. 나는 혼자가 아니야!

　　친구야, 혹시 공부를 하다가 너무 힘들고 외롭다고 느낀 적 있니? 아무리 노력해도 성적이 오르지 않을 때, 어려운 문제를 혼자 붙잡고 씨름할 때, 마음속 고민을 이야기할 사람이 없을 때, 그럴 때는 세상에 나 혼자 똑 떨어져 있는 것 같은 외로움이 몰려오기도 해.

　공부는 혼자 해야 하는 부분이 분명 있어. 하지만 그렇다고 해서 공부를 혼자서만 해야 하는 외로운 싸움이라고 생각할 필요는 없어. 우리는 혼자가 아니야. 우리 주변에는 우리를 응원해 주고, 도와주고 싶어 하고, 함께 성장하고 싶어 하는 사람들이 있거든. 가족, 친구, 그리고 선생님이 그 사람들이야.

왜 '관계'가 학습 멘탈에 중요할까?

우리는 사람들과 관계를 맺으면서 다양한 감정을 느끼고 배우고 성장해. 긍정적인 관계는 우리 마음을 튼튼하고 건강하게 만들어주는 엄청난 힘을 가지고 있어.

든든한 안정감 힘들 때 내 이야기를 들어주고 공감해주는 사람, 내가 잘했을 때 함께 기뻐해주는 사람이 있다는 것만으로도 마음이 정말 든든해져. 마치 폭풍 속에서도 바다 물결에 휩쓸리지 않게 붙잡아주는 닻처럼 말이지.

강력한 소속감 '나는 혼자가 아니야. 나는 사랑받고 있어.' 하는 소속감은 우리에게 큰 용기와 자신감을 줘. 어려움 앞에서도 이겨낼 수 있다는 마음이 생기지.

긍정적인 동기 부여 주변 사람들이 열심히 공부하는 모습을 보며 자극을 받고 '나도 해봐야겠다!' 하는 동기를 얻기도 해. 서로 긍정적인 영향을 주면서 함께 성장하는 거지.

새로운 관점과 도움 나 혼자 고민할 때는 보이지 않던 해결 방법이나 새로운 관점을 다른 사람과의 대화를 통해 얻을 수 있어. 어려운 문제에 대한 도움을 받을 수도 있고 진로에 대한 조언을 구할 수도 있지.

하지만 반대로, 관계에서 어려움을 겪을 때는 우리의 학습 멘탈이 크게 흔들릴 수 있어. 부모님과의 갈등, 친구 문제, 선생님과의 소통 문제 등은 마음을 불편하고 불안하게 만들어. 공부에 집중하기 어렵게 만들고, 심지어 공부하고 싶은 마음을 사라지게 하기도 해. 이처럼 '관계'는 학습 멘탈에 독이 될 수도 약이 될 수도 있는데, 우리는 '약'이 되는 긍정적인 관계에 집중해서 이야기를 나눠볼 거야.

나의 '성격'을 이해하면 관계가 더 쉬워져요!

우리는 앞에서 성격 유형(행동형, 규범형, 탐구형, 이상형)에 대해 깊이 탐험했지? 사람마다 세상을 보고 생각하고 행동하는 방식이 다 다른 것처럼, 사람들과 '관계 맺는 방식'이나 '소통하는 방식'도 성격에 따라 조금씩 다를 수 있어. 예를 들어 활동적이고 에너지가 넘치는 행동형 친구는 다른 사람들과 함께 어울리면서 공부하는 것을 좋아하고, 신중하고 계획적인 규범형 친구는 계획을 세워 혼자 조용히 공부하는 것을 더 편안하게 느낄 수 있어. 바로 이런 나의 성격을 이해한 바탕 위에서 상대방의 성격을 이해하려고 노력할 때 우리는 가족, 친구, 선생님과의 관계를 더 건강하고 긍정적으로 만들어갈 수 있단다.

2. 부모님과의 관계에서 힘 얻기

우리가 살아가면서 가장 먼저, 그리고 가장 오랫동안 관계를 맺는 사람들은 누구일까? 바로 우리를 세상에 태어나게 해주시고 사랑으로 길러주신 부모님일 거야. 부모님은 우리에게 세상에서 가장 든든한 '내 편'이자 아군이 되어주는 소중한 존재야. 부모님의 따뜻한 지지와 격려는 우리가 공부할 때, 어려움에 부딪혔을 때, 그리고 모든 성장 과정에서 엄청난 힘이 되어주지. 부모님이 "나는 너를 믿는다." 또는 "네가 어떤 선택을 하든 응원한다." 하고 말씀해주실 때, 마음속 불안이나 걱정이 사라지고 용기가 솟아나곤 해.

하지만 때로는 부모님과의 관계가 가장 어렵고 힘들게 느껴질 수도 있어. 부모님의 기대나 잔소리 때문에 스트레스를 받거나, 내 마음을 부모님께 이야기하기 어렵거나, 자꾸만 부모님과 부딪히는 경험을 아마 많은 친구들이 해봤을 거야. 학습 상담을 위해 나를 찾아온 친구들 중에도 부모님과의 관계 때문에 어려움을 호소한 친구가 많았어. 부모님과의 갈등은 우리의 학습 멘탈을 흔드는 강력한 그림자가 될 수 있어. 하지만 괜찮아! 부모님과의 관계가 어렵다고 해서 무언가 잘못된 것도 아니고, 부모님이 우리를 사랑하지 않는 것도 아니야. 이건 어쩌면 서로를 더 깊이 이해하고 소통하는 방법을 배워가는 과정일지도 몰라.

자, 그럼 부모님을 세상에서 가장 든든한 아군으로 만들고, 이를 통해 학습 멘탈을 강화할 수 있는 방법들을 하나씩 배워볼까? 이때 잊지 말아야 할 중요한 것이 하나 있어. 바로 나의 성격을 이해하는 것이 부모님과의 관계를 편안하게 만드는 데 엄청난 도움이 된다는 사실이야.

① 나와 부모님의 '성격 차이'를 이해하기

사람마다 다 성격이 다르고, 세상을 보고 생각하고 행동하는 방식이 달라. 부모님도 마찬가지야. 부모님만의 고유한 성격과 사고 방식이 있고, 그건 나와 다를 수 있어. 예를 들어 규범형 성향의 부모님은 계획과 규칙적인 생활을 강조하며 잔소리를 하실 수 있어. 반면 자유롭고 활동적인 행동형 성향의 나는 그런 부모님의 모습이 답답하게 느껴지지. 그런가 하면 감정 표현이 풍부한 이상형 성향의 부모님은 따뜻한 말을 많이 해주고 싶어 하시는데 나는 혼자 조용히 생각하고 공부하는 탐구형 성향이라면, 그런 부모님이 부담스럽게 느껴질 수 있어.

　이런 성격 차이를 이해하지 못하면 서로 간에 오해가 생기고 갈등으로 이어지기 쉬워. '왜 부모님은 나를 이해하지 못하실까?' 하며 힘들어하게 되지. 하지만 '아, 부모님은 이런 성격이어서 이런 방식으로 말씀하시는 거구나!' 또는 '아, 나는 이런 성격이라 부모님의 말씀이 이렇게 들리는구나!' 하고 서로의 다름을 이해하려고 노력하면 조금은 다르게 보이기 시작할 거야.

② '학습'에 대해 건강하게 소통하기

　많은 경우, 부모님과의 관계에서 어려움은 학습 문제에서 시작되곤 해. 성적, 공부 시간, 학원 등 부모님은 내가 잘되기를 바라는 마음에 말씀하시겠지만, 내 입장에서는 잔소리나 압박처럼 들리거든. 이럴 때 중요한 것은, 부모님과 학습에 대해 솔직하고 건강하게 소통하는 방법을 배우는 거야.

　나의 마음 솔직하게 이야기하기　부모님께 "엄마/아빠가 이렇게 말씀하시니 제 마음이 이렇게 느껴져요." 하고 나의 솔직한 감정이나 생각을 차분하게 말하는 연습을 해봐. 부모님도 우리 마음을 모르실 때가 많거든.

기적의 학습 멘탈 수업

공부의 어려움 나누기 공부하다가 힘들거나 어려운 점이 있다면 부모님께 이야기하고 도움을 요청해봐. 우리가 힘들어하고 있다는 것을 아실 때 부모님은 잔소리보다는 오히려 지지를 해주고 싶어 하실 거야.

부모님의 말씀 속 진심 찾기 부모님의 잔소리나 기대가 싫을 때도 있겠지만, 그 속에 숨겨진 '나를 사랑하고 내가 잘되기를 바라는 부모님의 마음'을 찾으려고 노력해봐. 마음 필터를 긍정적으로 사용해서 부모님의 말씀을 필터링하는 연습을 하는 거지.

③ 부모님의 지지와 격려를 '감사'하는 마음으로 받기

부모님은 나에게 세상에서 가장 큰 사랑과 지지를 보내주는 분들이야. 때로는 서툴고 내 마음을 잘 알지 못하실 수도 있지만, 부모님의 사랑과 응원은 앞으로도 계속 변함이 없을 거야. 부모님의 따뜻한 말, 작은 격려, 내 노력을 알아봐주는 모습에 고마움을 표현해봐. "감사합니다." 또는 "덕분에 힘이 나요."와 같은 말 한마디가 부모님께는 큰 기쁨이 되고, 나와 부모님과의 관계를 더 건강하게 만들 거야.

④ '세상에서 가장 든든한 아군'이 되어달라고 요청하기

부모님과의 관계는 일방적인 것이 아니라 서로 노력하고 함께 만들어가는 거야. 내가 먼저 부모님께 다가가고, 내 마음을 이야기하고, 부모님의 마음을 이해하려고 노력하면 부모님은 더 가까이 다가와주실 거야. 공부나 진로, 또는 친구 관계 때문에 마음이 어려울 때, 솔직하게 이야기하고 "엄마/아빠, 저에게 힘이 되어주세요." 또는 "제가 잘 해낼 수 있다고 믿어주세요."라고 해봐. 세상에서 가장 든든한 아군이 되어달라고 하면, 부모님은 기꺼이 그런 아군이 되어주실 거야.

현쌤의 TIP

자, 어때? 나와 부모님의 성격 차이를 이해하고 관계를 편안하게 만드는 연습들—성격 차이 이해하기, 학습에 대해 건강하게 소통하기, 부모님의 지지에 감사하기, 그리고 든든한 아군이 되어달라고 요청하기—을 꾸준히 해봐. 그러면 부모님과의 관계가 더 편안해지고, 그 관계의 힘이 학습 멘탈에 엄청난 긍정 에너지를 불어넣어줄 거야!

기적의 학습 멘탈 수업

3. 서로의 성장을 돕는 친구 관계 맺기

　　　　학교에서 가장 많은 시간을 함께 보내고, 이야기를 나누고, 기쁠 때나 슬플 때나 옆에 있어주는 소중한 사람들, 바로 우리의 친구들이겠지? 친구는 학교생활을 즐겁고 풍요롭게 만들어주는 정말 소중한 존재야. 함께 웃고 이야기하고 추억을 만들면서 외롭지 않게 공부할 수 있도록 도와주지. 함께 목표를 향해 달려가면서 긍정적인 자극을 받고 함께 성장해. 하지만 때로는 친구 때문에 힘들고 마음이 어려워지기도 할 거야. 오해가 생기거나, 다툼이 있거나, 친구 때문에 신경이 쓰여서 공부에 집중도 못 하고. 학습 상담을 위해 나를 찾아온 친구들 중에도 이러한 어려움을 호소한 경우가 많았어. 자, 그럼 친구와의 관계 속에서 서로의 성장을 돕고 긍정적인 학습 멘탈

시너지를 낼 수 있는 방법들을 하나씩 배워볼까?

① 나의 성격 유형에 맞는 친구 관계 스타일 찾기

우리는 앞에서 성격 유형이 사람들과 관계를 맺는 방식에 영향을 미친다는 것을 배웠어. 그러면 내 성격에 맞는 친구 관계 스타일은 어떤 것일까?

활동적이고 에너지가 넘치는 행동형 친구들과 자주 어울리고, 운동이나 게임을 하면서 친해지는 것을 좋아해. 스터디 그룹을 만들어서 함께 배우고 경쟁하며 공부하는 것을 즐길 수도 있지.

신중하고 계획적인 규범형 다수보다는 소수의 친구들과 친하게 지내는 것을 편안하게 느끼지. 학습 계획을 꼼꼼하게 세워서 함께 공부하는 스터디 그룹이 잘 맞을 수도 있지.

혼자 깊이 생각하고 탐구하는 탐구형 다른 사람들과 함께 어울리기보다 혼자만의 시간을 더 중요하게 생각할 수 있어. 특정 주제에 대해 깊이 이야기할 수 있는 친구나 서로의 지적 호기심을 채워줄 수 있는 친구와 잘 맞아.

사람들의 마음을 잘 읽고 공감하는 이상형 친구의 고민을 잘 들어주고 정서적으로 지지해주는 관계를 중요하게 생각해. 서로 감정을 나누고 격려하거나 위로해주는 친구와 잘 맞을 수 있지.

기적의 학습 멘탈 수업

내 성격에 맞는 친구 관계 스타일을 아는 것은 내가 어떤 친구들과 함께할 때 가장 편안하고 긍정적인 에너지를 얻을 수 있는지 파악하는 데 도움이 돼. 모두와 다 친하게 지낼 필요는 없어. 내 마음이 편안하고 내 성장을 도와주는 친구들과 깊은 관계를 맺는 것이 중요해.

② 서로에게 긍정적인 영향을 주는 '성장 친구' 만들기

친구 관계는 서로 영향을 주고받는 거울과 같아. 어떤 친구는 나에게 긍정적인 자극을 주고 성장하도록 돕지만, 어떤 친구는 나에게 부정적인 영향을 주고 공부를 방해하기도 해. 그러니 나에게 긍정적인 영향을 주는 '성장 친구'를 만들어봐.

목표를 공유하는 친구 "우리 이번 시험에서 목표 점수 꼭 달성하자!", "이 문제집 끝까지 풀어보자!"처럼 함께 목표를 세우고 서로 격려하며 달려가는 친구는 정말 큰 힘이 돼.

서로의 강점을 나누는 친구 나는 수학은 약하지만 국어는 강하고, 친구는 국어는 약하지만 수학은 강할 수 있어. 서로의 강점을 나누고 약점을 보완해주면서 함께 성장하는 친구는 정말 소중해. 서로 알려주고 배우는 과정에서 공부 내용을 더 확실하게 내 것으로 만들 수 있지.

힘들 때 솔직하게 이야기할 수 있는 친구 공부하다가 힘들거나 마음이 어려울 때 "나 요즘 너무 힘들어." 하고 솔직하게 이야기하고, 서로 위로와 격려를 해주는 친구는 나의 학습 멘탈을 지키는 든든한 방패가 되어줄 거야.

③ 스터디 그룹, 똑똑하게 활용하기

친구와 함께하는 스터디 그룹은 효과적인 학습 방법이 될 수 있어. 하지만 친구들이랑 모인다고 다 좋은 스터디 그룹이 되는 것은 아니야. 어렵게 만든 스터디 그룹이 중간에 깨질 수도 있고. 좋은 스터디 그룹을 만들려면 몇 가지 조건이 필요해.

목표와 규칙 스터디 그룹을 시작하기 전에 '무엇'을 위해, '어떻게' 공부할지 구체적인 목표와 규칙을 정하는 것이 중요해. 자칫 모여서 놀기만 하는 모임이 되지 않도록 말이야.

나의 성격에 맞는 스터디 방식 시끌벅적하게 서로 질문하고 토론하는 방식이 잘 맞는지, 아니면 각자 공부하다가 모르는 것만 질문하는 방식이 잘 맞는지 등 나의 성격과 공부 스타일에 맞는 스터디 방식을 선택하는 것이 중요해.

책임감과 역할 분담 스터디에 참여하는 친구들 모두 책임감을 가지고 각자의 역할을 다할 때 스터디 그룹은 성공할 수 있어.

기적의 학습 멘탈 수업

④ 친구 관계의 어려움에 현명하게 대처하기

가장 친한 친구와도 오해가 생기고 다툼이 있을 수 있어. 이때는 감정에 빠지기보다 현명하게 대처하는 연습이 필요해.

솔직하고 차분하게 이야기하기 감정이 격해지기 전에 나의 마음과 생각을 솔직하고 차분하게 이야기해봐. 상대방의 이야기도 귀 기울여 들어주고. 단, 이야기를 하기에 앞서 마음 챙김 연습으로 감정에 휩쓸리지 않고 내 진짜 마음을 알아차리는 것이 중요해.

필요하다면 거리 두기 만약 어떤 친구가 나에게 계속 부정적인 영향을 주거나 공부를 방해한다면, 그 친구와 잠시 거리를 두는 용기도 필요해. 내 마음과 공부를 지키는 것이 더 중요하기 때문이야.

현쌤의 TIP —————————————————————

자, 어때? 서로의 성장을 돕는 친구 관계 맺기 연습들—나의 성격에 맞는 친구 관계 스타일 찾기, 서로 긍정적인 영향을 주는 '성장 친구' 만들기, 스터디 그룹 활용하기, 친구 관계의 어려움에 현명하게 대처하기—을 꾸준히 해보는 거야. 그러다 보면 친구들이 서로의 학습 멘탈을 든든하게 지켜주고 함께 성장하는 소중한 동반자가 되어줄 거야.

4.　　　선생님을 나의
든든한 지원군으로 만들기

　　　　학교에서 우리에게 지식과 지혜를 나누어주고, 새로운 세상을 보여주고, 우리가 올바른 길로 나아갈 수 있도록 이끌어주는 소중한 분들이 있지? 바로 선생님들이야. 선생님은 단순히 지식을 전달하는 것을 넘어 우리의 학습 멘탈과 성장에 정말 중요한 영향을 주는 분들이야. 선생님의 칭찬 한마디에 용기를 얻고, 선생님의 따뜻한 격려에 다시 일어설 힘을 얻기도 하지. 수업 시간에도 도움을 받고, 진로에 대한 고민을 나누면서 앞으로 나아갈 방향을 찾기도 해.

　　하지만 때로는 선생님에게 다가가기 어렵거나, 선생님의 말씀이 어렵게 느껴지거나, 선생님과의 관계에서 불편한 감정이 생기기도 할 거야. 하지만 괜찮아! 선생님과의 관계가 어렵다고 나 자신에게 문제가 있는 것은 아니야. 모든 선생님과 다 친하게 지내야 하는 것도 아니고. 중요한 것은 존중과 신뢰를 바탕으로 건강한 관계를 맺으려고 노력하는 거야. 이 책 1장에서 나온 이야기인데, 스스로를 바보라고 여겼던 초등학생 친구가 원어민 선생님께 단어의 어원을 물어보며 자신만의 공부법을 찾고 학습 멘탈을 회복했던 것, 기억나니? 그리고 영어 성적이 7등급이었던 고등학생 친구가 영어 선생님의 좋은 점을 찾아보려는 노력(마음 필터 바꾸기)을 통해 성적을 역전시켰던 이야기도 있었는데, 기억나니?

이 두 친구들처럼 관계를 긍정적으로 가져가면, 선생님은 우리가 배움의 기쁨을 찾고 스스로 성장하는 데 정말 든든한 지원군이 되어주실 거야. 자, 그럼 선생님과의 관계에서 존중과 신뢰를 바탕으로 긍정적인 학습 멘탈 시너지를 낼 수 있는 방법들을 하나씩 배워볼까?

① 나의 '성격 유형'에 맞는 소통 방식 찾기

나의 성격 유형은 선생님과의 소통하는 방식에도 많은 영향을 미쳐.

활동적이고 에너지가 넘치는 행동형 친구 궁금한 점이 생기면 바로 손 들고 질문하거나, 쉬는 시간에 선생님을 찾아가서 이야기하는 것을 편하게 느낄 수 있어. 때로는 조금 성급할 수도 있으니, 질문하기 전에 잠깐 생각하는 연습도 필요하겠지?

신중하고 계획적인 규범형 친구 수업 시간에 바로 질문하기보다 질문 내용을 잘 정리한 후에 질문하는 것을 선호할 수 있어. 이메일이나 쪽지를 통해 질문하는 것도 좋은 방법이야.

혼자 깊이 생각하고 탐구하는 탐구형 친구 수업 내용이나 특정 주제에 대해 깊이 있는 질문이 하고 싶을 수 있어. 방과 후나 쉬는 시간에 선생님을 찾아가서 질문하거나, 관련 자료를 살펴보며 스스로 답을 찾아보는 것이 잘 맞을 수 있어.

사람들의 마음을 잘 읽고 공감하는 이상형 친구 선생님의 감정과 표정에 민감하게 반응할 수 있어. 선생님께 다가가는 것을 어려워할 수도 있지만, 따뜻한 말로 먼저 인사를 건네거나 감사의 마음을 표현하는 것으로 관계를 시작해볼 수 있어.

내 성격에 맞는 소통 방식을 아는 것은 내가 어떤 방식으로 선생님께 다가가고 질문할 때 가장 편안하고 효과적으로 소통할 수 있는지 파악하는 데 도움이 돼. 선생님께 다가가는 것을 두려워하지 말자. 선생님들은 우리가 배우고 성장하는 것을 돕고 싶어 하는 분들이니까.

② 용기 내서 '질문'하고 '도움 요청'하기

선생님과의 관계에서 가장 중요한 것 중 하나는 질문이야. 특히, 수업 시간에는 모르는 것을 아는 척 넘어가기보다 용기 내서 질문할 때 공부 내용을 더 확실하게 이해할 수 있어. 쉬는 시간이나 방과 후에 선생님을 찾아가 질문하거나 쪽지나 이메일을 활용해도 좋아. 내가 가장 편안한 방식으로 질문하면 돼. 공부 외에 진로, 학교생활 등 다른 어려움이 있을 때도 선생님께 솔직하게 이야기하고 도움을 청하는 용기를 내봐.

③ 선생님의 '피드백'을 성장의 기회로 삼기

선생님은 우리의 공부나 행동에 대해 칭찬도 해주시지만, 때로는 부족한 부분에 대해 피드백이나 조언을 해주실 수도 있어. 이때 선생님의 피드백을 비난이나 질책으로 받아들이지 않고, 나의 성장을 위한 소중한 정보라고 생각하는 연습이 필요해.

앞에서 '실패에서 배우는 힘'에 대해 이야기할 때, 나의 실패를 분석하고 거기서 배움을 찾는 것이 중요하다고 했지? 선생님의 피드백도 마찬가지야. "아, 선생님이 이런 부분을 보완하라고 말씀해주시는구나. 보완해서 다음에는 더 잘해야겠다!" 하고 긍정적으로 받아들이는 연습이 중요해.

④ 존중과 신뢰를 바탕으로 긍정적인 관계 만들기

선생님과의 관계는 일방적인 것이 아니라 서로 존중하고 신뢰할 때 건강하게 만들어져. 선생님을 인격적으로 존중하고, 선생님의 가르침을 신뢰하는 마음을 가지는 것이 중요해. 밝게 인사하고, 수업 시간에 집중하고, 과제를 성실하게 해내고, 선생님의 말씀에 귀 기울이는 작은 행동들이 선생님과 신뢰를 쌓는 바탕이 될 거야. 선생님과의 긍정적이고 건강한 관계는 결국 우리의 학교생활과 학습 멘탈에 큰 힘이 되어준단다.

현쌤의 TIP

자, 어때? 선생님을 나의 든든한 지원군으로 만드는 연습들—나의 성격 유형에 맞는 소통 방식 찾기, 용기 내서 질문하고 도움 요청하기, 선생님의 피드백을 성장의 기회로 삼기, 존중과 신뢰를 바탕으로 긍정적인 관계 만들기—을 꾸준히 해봐. 그러면 선생님이 우리의 학습 멘탈을 지키는 지혜로운 길잡이가 되어주실 거야.

기적의 학습 멘탈 수업

5. 교실과 학교에서 긍정 에너지 만들기

우리가 하루 중 가장 많은 시간을 보내는 곳은 바로 교실과 학교야. 학교는 단순히 공부만 하는 곳이 아니야. 여러 친구들과 선생님들을 만나고, 함께 활동하고, 서로 영향을 주고받으면서 성장하는 중요한 공동체란다. 그리고 이 공동체의 분위기는 학습 멘탈에 정말 큰 영향을 미쳐.

생각해봐! 만약 교실 분위기가 딱딱하고 서로 경쟁만 하거나, 친구들끼리 갈등이 심하거나, 선생님과 학생들이 소통하지 않는다면 어떨까? 학교 가는 것이 즐겁지 않고 나의 공부에도 방해가 되겠지? 반대로, 교실 분위기가 활기차고 서로 돕고 친구들과 선생님이 존중하고 신뢰하는 분위기라면? 학교 가는 것이 즐겁고 공부할 때도 힘이 나고 어려움도 함께 이겨낼 수 있을 거야. 바로 이 '긍정적인 공동체의 힘'이 우리의 학습 멘탈을 더욱 단단하게 만들고, 공부를 즐겁고 효과적으로 만들어주는 강력한 멘탈 시너지란다.

자, 그럼 교실과 학교에서 어떻게 긍정적인 에너지를 만들고 서로에게 좋은 영향을 주면서 학습 멘탈 시너지를 낼 수 있는지 배워볼까? 이건 '다른 사람들이 바꿔주겠지.' 하고 기다리는 것이 아니라, 나 자신의 작은 실천으로 변화를 만들어가는 거야.

① 긍정적인 말과 행동으로 좋은 분위기 만들기

긍정 에너지는 마법과도 같아. 내가 먼저 밝게 인사하고, 칭찬하고, 작은 도움을 주고, 수업 시간에 열심히 참여하는 모습을 보이면, 그 긍정적인 에너지가 주변 친구들에게도 퍼져나가 교실 전체의 분위기가 밝아질 수 있어. '나는 소심한 성격이라 다른 사람에게 먼저 다가가기 어려워.' 하고 생각할 수도 있어. 그러면 살며시 미소 짓기, 고개 끄덕이며 상대방 말에 귀 기울이기, 친구의 성공에 박수 쳐주기, 수업 시간에 모르는 것을 용기 내서 질문하기처럼 내가 할 수 있는 작은 행동들부터 시작해봐. 작은 노력들이 모여서 큰 변화를 만들 수 있단다.

② 친구와 선생님을 존중하고 공감하기

건강한 공동체는 서로 존중하고 이해할 때 만들어져. 나와 다른 성격, 다른 생각, 다른 경험을 가진 친구와 선생님을 '다르다' 고 판단하기보다 '다를 수 있다'고 인정하고 존중하는 연습이 중요해. 친구가 힘들어할 때 따뜻한 말로 공감해주고, 선생님의 노력에 감사를 표현하고, 친구들의 의견을 경청하고, 함께 협력해서 무언가를 해내는 것 모두 긍정 에너지를 만드는 중요한 연습이야. 부모님이나 친구 관계에서 서로의 다름을 이해하려고 노력했던 것처럼, 교실 안에서도 서로 이해하려 노력하고 존중하는 마음을 표현해봐.

③ 함께 배우고 성장하는 '우리' 만들기

학교는 혼자만 잘하는 곳이 아니야. 친구와 선생님과 '함께 배우고 성장하는 곳'이야. 모르는 것은 가르쳐주고, 어려운 문제를 함께 고민하고, 발표나 프로젝트를 함께 준비하면서 우리는 더 많은 것을 배우고 더 크게 성장할 수 있어. 스터디 그룹을 만들거나, 친하지 않은 친구에게 다가가서 말을 걸거나, 학습 도우미를 자처하거나, 토론을 하는 등 함께 배우는 즐거움을 찾아봐. 서로 긍정적인 자극을 주고받으면 학습 동기도 더 활활 타오를 거야.

④ 학교에서 도움받을 수 있는 자원 활용하기

학교 안에는 우리 친구들의 학습과 마음 건강을 돕는 '든든한 자원'들이 있어. 힘들 때 혼자 끙끙 앓지 말고 이런 자원들을 적극적으로 활용하는 용기가 필요해.

학교 상담실 공부, 친구, 가족, 진로 고민으로 마음이 힘들 때 학교 상담 선생님과 이야기를 나누는 것은 엄청난 도움이 돼.

위(Wee)클래스/위(Wee)센터 학교 내 전문 상담 선생님이나 학교 외부 상담 기관과 연결해주는 곳이야. 좀 더 전문적인 도움이 필요할 때 찾아가봐.

보건실 몸이 아플 때뿐만 아니라 마음이 불안하거나 스트레스를 받을 때 잠시 쉬거나 도움을 받을 수 있어.

현쌤의 TIP

자, 어때? 교실과 학교에서 멘탈 시너지를 강화하는 연습들—긍정적인 말과 행동, 존중과 공감, 함께 배우고 성장하기, 그리고 학교 자원 활용하기—을 꾸준히 한번 해봐. 그러다 보면 학교라는 공간이 우리의 든든한 지원군이 되어줄 거야.

기적의 학습 멘탈 수업

6. 단단한 관계에서 만들어지는 학습 멘탈 시너지

　　　지금까지 우리는 긍정적인 관계의 힘에 대해 이야기했어. 긍정적인 관계가 우리 마음을 튼튼하게 하고, 안정감과 소속감, 동기를 준다는 것을 알게 되었어. 그리고 부모님, 친구, 선생님과의 관계에서 문제가 생기면 공부 방해 그림자로 연결될 수 있다는 것을 확인했어. 또한 나의 성격 유형이 주변 사람들과 관계 맺는 방식에 영향을 미치고, 나 자신을 이해하는 것이 관계를 더 좋게 만드는 첫걸음이라는 것도 다시 한 번 확인했어. 이 책 1장에서 나의 성격 유형을 탐험했던 이유도 바로 여기에 있어. 사람은 다 다르다는 것을 이해하고 서로를 존중할 때 관계는 더 편안해지기 때문이지.

부모님 가장 가까우면서도 때로는 가장 어려운 부모님과의 관계 속에서 어떻게 하면 세상에서 가장 든든한 '내 편'이자 '아군'을 만들 수 있는지 배웠어. 나와 부모님의 성격 차이를 이해하고 다름을 인정하는 것이 얼마나 중요한지, 그리고 학습 문제에 대해 건강하게 소통하고 부모님의 지지에 감사의 마음을 표현하는 것, 어려울 때 도움을 요청하는 용기까지!

친구 학교생활의 동반자인 친구와의 관계 속에서 어떻게 서로의 성장을 돕고 긍정적인 학습 멘탈 시너지를 만들 수 있는지를 배웠어. 나의 성격에 맞는 친구 관계 스타일을 찾고, 목표를 공유하고, 서로의 강점을 나누는 '성장 친구'를 만들고, 스터디 그룹을 활용하는 것, 그리고 친구 관계에서 오는 어려움에 현명하게 대처하는 방법까지!

선생님 우리의 성장을 이끌어주시는 선생님과의 관계 속에서 존중과 신뢰를 바탕으로 긍정적인 학습 멘탈 시너지를 만드는 방법을 배웠어. 나의 성격에 맞는 소통 방식을 찾아 선생님과 대화하고, 질문을 하거나 도움을 요청하고, 선생님의 피드백을 성장의 기회로 삼는 태도까지!

교실과 학교 우리가 많은 시간을 보내는 교실과 학교에서 긍정 에너지를 퍼뜨리고 학습 멘탈 시너지를 높일 수 있는 방법을 알아보았어. 그 방법은 바로 긍정적인 말과 행동, 존중과 공감, 함께 배우고 성장하기, 그리고 학습과 마음 건강을 돕는 학교 자원 활용하기 등이지.

이렇듯 '관계의 힘'은 함께 배우는 즐거움을 배가하고 학습 멘탈을 단단하게 만드는 아주 강력한 방법이야. 혼자서는 이겨내기 힘든 어려움도 소중한 사람들과 함께라면 더 쉽게 이겨낼 수 있고 기쁨은 나누면 두 배가 되기 때문이야. 또한 긍정적인 관계에서 오는 정신적 안정감과 지지는 우리가 공부라는 도전을 씩씩하게 계속 해나갈 수 있는 에너지가 되어주지.

6

나만의 학습 관리 비법

'나만의 보물 지도 노트' 만들기

자, 우리는 지금까지 정말 멋진 여정을 함께 해왔어! 공부 엔진에 불을 지피는 단단한 학습 멘탈을 찾고, 공부 기술을 익히고, 소중한 사람들과 함께 성장하는 방법을 찾는 여행이었지.

　1장에서 진짜 '나'를 찾는 여행을 떠나
　2장에서 공부를 방해하는 마음속 그림자들을 물리치고
　3장에서 학습 멘탈을 단단하게 키우고
　4장에서 나에게 맞는 공부 기술을 익히고
　5장에서 소중한 사람들과 함께 성장하는 법을 배웠어.

'나'에 대한 이해, 학습 멘탈, 공부 기술, 관계의 힘! 이 모든 보물들이 조화롭게 어우러질 때, 우리는 어떤 어려움 속에서도 흔들리지 않는 단단한 학습 멘탈을 가질 수 있지.

그런데 말이야, 이 소중한 보물들을 그냥 머릿속에 넣어두면 시간이 지나면서 희미해지거나 잊어버릴 수도 있잖아? 보물들을 잊지 않고, 필요할 때 언제든 꺼내 쓸 수 있도록 잘 정리해두는 것이 중요하겠지? 이 장에서는 지금까지의 모든 공부 여정을 통합하고, 나만의 학습 관리 비법을 정리해서 한눈에 볼 수 있도록 '나만의 보물 지도 노트'를 만들어볼 거야. 학습 멘탈 여정의 완성 단계가 될 아주 중요한 시간이니 절대 놓치지 마!

1. 왜 나만의 보물 지도 노트가 필요할까?

우리가 지금껏 배운 내용들은 정말 중요하고 유익한 정보들이야. 하지만 책을 덮는 순간 "좋은 내용이었는데, 기억이 잘 안 나네." 하고 잊어버린다면 너무 아깝겠지? 책 내용을 나만의 것으로 만들고, 실제로 내 공부와 생활에 적용하고 실천하는 것이 이 책의 가장 중요한 목표야.

'나만의 보물 지도 노트'는 그 목표를 달성하게 도와줄 가장 강력한 도구란다. 이 노트는 책에서 배운 지혜를 한곳에 모아두고, 나에게 꼭 필요한 정보들만 기록한 나만을 위한 맞춤형 비법 노트야. 내가 많은 친구들을 상담하면서 알게 된 가장 중요한 것은 '배운 것을 자신의 삶에 적용하고 기록하는 힘'이었어. 그래서 나만의 학습 멘탈 비법 노트 만들기 프로젝트를 진행했지.

'나만의 보물 지도 노트'는 우리의 길고 고된 학습 여정에서 길을 잃지 않도록 돕는 든든한 나침반이 되어줄 거야.

'나만의 보물 지도 노트'를 만드는 이유는 다음과 같아.

배운 것을 잊어버리지 않도록 머릿속에만 담아두면 금방 희미해지지만, 노트에 나만의 언어와 그림으로 기록해두면 필요할 때 언제든 꺼내 볼 수 있어.

나에게 꼭 필요한 정보만 모아서 책에는 많은 친구들에게 도움이 될 만한 다양한 내용이 담겨 있어. 하지만 나만의 보물 지도 노트에는 '나'에게 딱 필요한 내용들만 나의 경험과 연결해서 기록할 거야. 나에게 가장 잘 맞는 비법들만 모아둔 '나만의 학습 멘탈 사용 설명서' 같은 거지.

실제로 실천할 수 있도록 노트에 기록을 하는 것은 단순히 정보를 모아두는 것을 넘어, '앞으로 이렇게 실천해야겠다!' 하고 스스로에게 약속하고 구체적인 계획을 세우는 과정이야.

나의 성장 과정을 한눈에 볼 수 있도록 나만의 보물 지도 노트는 한 번 만들고 끝이 아니라, 공부하면서 계속 내용을 채워나가고 업데이트하는 노트야. 시간이 지나서 이 노트를 보면, 내 노력의 흔적들을 눈으로 확인하면서 성취감과 동기를 얻을 수 있을 거야.

이제 우리는 '나만의 보물 지도 노트'를 만드는 구체적인 방법들을 하나씩 배워볼 거야. 어떤 내용을 어떤 형식으로 기록하면 좋을지, 그리고 어떻게 이 노트를 꾸준히 활용할 수 있을지 등 나만의 학습 멘탈 비법 노트 만들기 프로젝트 경험에서 얻은 노하우를 대방출할 테니 기대해도 좋아!

2. 나만의 보물 지도 노트 만들기

첫 페이지 나의 모습 기록하기

　나만의 보물 지도 노트를 만들기 위해 제일 먼저 해야 할 일은 무엇일까? 바로 노트의 첫 페이지를 '나 자신'으로 채우는 거야. 마치 지도에 '여기가 시작점' 하고 표시하듯이, 나를 아는 것부터 시작했던 우리의 학습 여정처럼, 노트의 첫 페이지는 나에 대한 가장 소중한 정보들을 기록해야 해. 이 책 1장에서 우리는 나 자신에 대해 깊이 탐험했지? 나의 성격 유형, 세상을 보는 마음 필터, 꿈과 목표까지! 이 모든 것들을 기록할 거야.

　참, 이 노트는 나만을 위한 거야. 그러니까 정해진 양식이나 방법은 없어. 스스로가 가장 편하고 즐겁게 기록할 수 있는 방식으로 자유롭게 채워나가면 돼. 글로만 채워도 되고, 그림을 그려도 좋고, 표를 만들어도 좋고, 사진을 붙여도 좋으니 내 개성을 마음껏 담아봐. 자, 그럼 노트의 첫 페이지에 어떤 내용들을 기록하면 좋을지 구체적으로 이야기해줄게.

① 나의 성격 유형과 특성 기록하기

내가 파악한 나의 성격과 강점, 약점, 또 그에 따른 학습/휴식 스타일 등을 기록해보는 거야.

나의 성격 유형 내가 어떤 유형의 성격 특성을 가지고 있는지 적어봐.(예: "나는 탐구형 성향이 강하고 이상형 성향도 조금 있는 것 같아.")

나의 성격적 강점 나의 성격 덕분에 공부나 학교생활에 도움이 되는 점은 무엇인지 생각해보고 적어봐.(예: "나는 탐구형이라 혼자 집중해서 공부하는 것을 잘하고 이상형 성향도 있어서 친구들 이야기를 잘 들어줘.")

나의 성격적 약점 또는 주의할 점 나의 성격 때문에 가끔 어려움을 겪는 부분은 무엇인지 솔직하게 적어봐.(예: "나는 탐구형이라 다른 사람과 소통하는 것이 가끔 어렵고 이상형 성향도 있어서인지 다른 사람의 감정에 너무 신경 쓸 때가 있어.")

나에게 맞는 공부/휴식 스타일 나에게 가장 편안하고 효율적인 공부/휴식 스타일을 기록해둬.(예: "나는 조용한 곳에서 혼자 공부할 때 집중이 잘 돼. 스트레스를 받을 때는 혼자 음악을 들으면서 쉬는 게 좋아.")

② 나의 마음 필터 기록하기

세상을 바라보는 나만의 마음 필터는 긍정적인지, 부정적인지 차분히 생각해봐. 그리고 노트에 내 마음 필터를 점검한 결과를 기록해봐. 앞으로 의식적으로 긍정적인 필터를 활용하겠다는 다짐을 쓰거나 부정적인 생각이 들 때 마음 필터를 어떻게 바꿔볼지에 대한 계획도 함께 적어두면 좋아. 멘탈 강화 연습을 할때 긍정적인 자기 대화나 마음 챙김은 마음 필터를 긍정적으로 바꾸는 데 도움이 된다고 했지? 그런 멘탈 강화 연습 계획도 기록해두면 좋아.

③ 나의 꿈과 목표 기록하기

앞에서 우리는 나의 꿈과 목표를 찾고 '나는 ~을 위하여 살겠다!' 하는 나만의 다짐 문장을 만들었어. 예를 들면 "다른 사람의 마음을 이해하고 따뜻하게 위로해줄 수 있는 세상을 만드는데 기여하겠다! 나중에 이 꿈을 이루기 위해 상담사, 선생님, 의사 같은 길을 가야지."와 같은 다짐 문장이 있었어.(이 책 66~67

기적의 학습 멘탈 수업

쪽) 꿈과 목표는 우리의 공부에 가장 강력한 동기를 불어넣어주는 연료란다.

노트의 첫 페이지에 나의 꿈과 목표, 그리고 다짐 문장이 멋지게 잘 보이도록 기록해두는 거야. 글로 써도 좋고, 꿈을 이미지화해서 그림으로 그려도 좋고, 관련 사진을 붙여도 좋아. 공부하다가 힘들고 지칠 때, 나만의 보물 지도 노트의 첫 페이지를 펼쳐서 내 꿈과 목표를 다시 확인하면 큰 힘을 얻을 수 있을 거야.

④ 나를 이해하는 핵심 내용을 자유롭게 기록하기

나의 성격, 마음 필터, 꿈과 목표 외에도 나에 대해 새롭게 알게 된 것들, 예를 들어 '아, 나는 이런 사람이었구나!' 하고 깨달은 것이 있다면 자유롭게 기록해봐. 내가 좋아하는 것, 싫어하는 것, 잘하는 것, 배우고 싶은 것, 나를 행복하게 하는 것, 나를 힘들게 하는 것 등 나를 이해하는 데 도움이 되는 어떤 내용이든 괜찮아. 나만의 방식대로 자유롭게 표현하고 기록해봐.

이 노트의 첫 페이지는 나를 가장 잘 보여주는 '나의 초상화'와도 같아. 첫 페이지를 정성껏 채우면 앞으로 만들어나갈 나만의 보물 지도 노트의 단단한 기초가 될 거야. 나를 알면 알수록 이 노트는 더욱 정확하고 유용해지지.

나만의 보물 지도 노트의 두 번째 페이지에는 우리가 공부의 길을 갈 때 조심해야 할 마음속 그림자들, 즉 학습 불안, 동기 부족, 미루기, 집중 방해, 관계의 어려움 등을 표시해둘 거야. 왜 그림자들을 지도에 표시해두는 것이 중요할까? 음, 마치 산을 오르는데 어디에 위험한 절벽이 있고 어디서 길이 끊어지는지를 미리 알고 가는 것과 같아. 위험한 곳을 미리 알면 대비할 수 있고, 돌아가거나 다른 길을 찾아서 안전하게 목적지까지 갈 수 있잖아? 공부 방해꾼 그림자들도 마찬가지야. 그림자들이 언제, 어디서 나타나서 우리를 힘들게 할지 미리 알고 대비해야 그림자에게 붙잡히지 않고 씩씩하게 앞으로 나아갈 수 있어.

자, 그럼 공부 방해꾼 그림자들을 나만의 보물 지도 노트에 표 형태로 예쁘게 정리하는 방법을 배워볼까? 표로 정리하면 그림자들을 한눈에 파악하고 관리하기 훨씬 쉬워진단다.

표를 만들기 전에, 먼저 내 마음속 그림자들의 모습을 한번 떠올려봐.

- 나에게 가장 자주 나타나는 그림자는 무엇일까?
- 그림자가 나타날 때 나의 생각, 감정, 행동은 어떻게 달라질까?

- 그림자는 주로 언제, 어디서 나를 찾아올까?(예: 시험 기간, 특정 과목을 공부할 때, 특정 친구를 만났을 때 등)
- 그림자는 나의 공부에 어떤 어려움을 줄까?

그리고 다음과 같이 표를 만들어서 내가 느끼는 대로 솔직하게 채워 넣는 거야. 물론 이 표는 하나의 예시일 뿐이니까 내가 편한 방식으로 변형해서 쓰면 돼. 마음속 그림자의 모습은 구체적으로 기록할수록 좋아. 그림자의 모습이 구체적일수록 앞으로 그림자를 물리칠 방법을 찾는 데 훨씬 도움이 되거든.

예시 **마음속 그림자 표**

그림자 종류	그림자가 나타날 때 나의 모습 (생각, 감정, 몸의 느낌, 행동)	그림자가 나타나는 상황(언제, 어디서)	그림자 때문에 겪는 어려움(공부에 미치는 영향)
학습 불안 그림자	떨린다, 망하면 어떡하지?, 머리가 하얘진다, 숨이 가빠진다, 공부가 손에 안 잡힌다	시험 보기 전, 발표하기 전, 어려운 문제 풀 때	집중이 안 되고, 실력 발휘를 못 한다.
동기 부족 그림자	하기 싫다, 이걸 왜 해야 하지?, 귀찮다, 눕고 싶다, 스마트폰만 본다	재미없는 과목을 공부할 때, 목표가 없을 때	공부 시작이 어렵고, 쉽게 포기한다.
미루기 그림자	나중에 해야지, 일단 좀 쉬자, 딴짓한다, 마감 기한이 다 되어서 허둥댄다	일이 너무 막막하게 느껴질 때, 실패가 두려울 때	계획대로 안 되고, 불안감이 커진다.
집중 방해 그림자	딴생각이 계속 난다, 몸이 근질거린다, 가만히 못 있는다, 스마트폰만 본다, 주변이 신경 쓰인다	공부 환경이 산만할 때, 피곤할 때	공부 효율이 떨어지고, 시간 낭비가 심하다.

자존감 그림자	나는 부족하다, 나는 잘하는 게 없다, 다른 친구와 비교된다, 새로운 시도가 두렵다	시험 점수가 낮을 때, 실수했을 때	자신감이 떨어지고, 쉽게 좌절한다.
완벽주의 그림자	완벽하게 해야 해, 실수하면 안 돼, 시작을 못 한다, 하나에 너무 오래 매달린다	새로운 것을 시작할 때, 중요한 과제를 할 때	시작이 어렵고, 스트레스가 심하다.
관계의 어려움 그림자	마음이 불편하다, 짜증이 난다, 신경이 쓰인다, 혼자 있고 싶다, 공부에 집중이 안 된다	부모님과 다퉜을 때, 친구와 문제가 생겼을 때	마음이 힘들고, 공부에 방해가 된다.

마음속 그림자 표의 완성은 내 학습 여정에서 '아, 여기에 이런 그림자가 있으니 조심해야겠다!' 하고 표시를 한 것과 같아. 그림자의 정체와 위치를 알면 함정에 빠지지 않고 다른 안전한 길을 찾아갈 수 있겠지? 그런데 만약 안전한 길을 찾지 못하면 어떡해야 할까? 그림자를 똑바로 마주하고 물리쳐야겠지? 이제부터는 그림자들을 물리칠 비밀 무기를 알아보고 그 목록을 만들어볼 거야.

세 번째 페이지 멘탈 강화 연습 표 만들기

이 노트의 세 번째 페이지에는 나만의 멘탈 강화 비밀 무기들을 찾아 써볼 거야. 마음속 그림자 표의 맞은편 페이지에 나란히 표 형태로 만들어서, 특정 그림자를 만났을 때 어떤 무기를 사용하면 좋은지 한눈에 보이도록 정리해보는 거야.

다음과 같이 멘탈 강화 연습 표를 만들어서 채워 넣는 거지.

예시 **멘탈 강화 연습 표**

그림자 종류	그림자를 물리칠 방법	구체적인 실천 방법(어떻게 할까? 나만의 방법!)	언제 이 방법을 사용할까?(그림자가 나타나는 상황과 연결)	나의 변화/느낌 (효과 있었니?)
학습 불안 그림자	심호흡 & 긍정적 자기 대화	눈 감고 숨을 5초 들이마시고 7초 내쉬기를 3번 하기, "나는 할 수 있어!" 하고 3번 외치기	시험 직전, 발표 5분 전, 어려운 문제 풀기 전	마음이 좀 편안해지고 숨쉬기가 편해진다.
동기 부족 그림자	꿈과 목표 되새김 & 작은 목표 설정	노트 첫 장의 꿈과 목표, 다짐을 소리 내어 읽기, 오늘의 작은 공부 목표 한 가지 쓰기	공부를 시작하기가 싫을 때, 재미없는 과목을 공부할 때	'조금이라도 해 보자!' 하는 마음이 생긴다.
미루기 그림자	마법의 5분 규칙 & 기회 비용 기억하기	타이머 5분으로 맞춰두고 시작, "지금 안 하면 주말에 게임 못 해!" 하고 스스로에게 말하기	해야 할 공부를 미루고 딴짓하고 싶을 때	'일단 시작하니 생각보다 할 만하네!' 하고 계속하게 된다.
집중 방해 그림자	집중 최적화 환경 만들기 & 마음 챙김	스마트폰 무음/방해 금지 모드로 바꿔서 다른 방에 두기, 딴생각이 들면 바로 알아차리고 다시 책 보기	공부할 때 자꾸 딴생각이 나거나 주변이 산만하게 느껴질 때	딴생각에 덜 끌려 다니고 공부에 다시 집중할 수 있다.
실패 그림자	실패 탐정 & 스스로 다독이기	틀린 문제를 오답 노트에 적고 왜 틀렸는지 분석, "괜찮아. 다음엔 안 틀릴 거야!" 하고 스스로에게 말하기	시험 망쳤을 때, 문제 틀렸을 때, 실수했을 때	좌절감 대신 '배웠다!'는 생각이 든다.

이 표를 채워 넣으면서 앞에서(이 책 3장) 배운 멘탈 연습들을 다시 한 번 떠올려봐.

- 나의 그림자를 물리치는 데 어떤 멘탈 연습이 효과적일까?
- 이 연습을 할 때 구체적으로 어떻게 실행하면 좋을까?
- 이 연습을 언제, 어떤 상황에서 하는 것이 효과적일까?
- 실제로 이 연습을 해봤을 때 나의 마음이나 행동에 어떤 변화가 있었을까?

다양한 멘탈 연습 중에서 나에게 가장 잘 맞는 것들을 골라 이 표에 기록해둬. 이것을 일상 속 작은 습관으로 만들기 위한 구체적인 계획도 함께 적어두면 더 좋아.

멘탈 연습 표가 완성되면, 나만의 보물 지도 노트에 '아, 이런 어려움이 닥쳤을 때 이렇게 대처하면 되는구나!' 하고 그림자를 물리치는 비밀 무기가 표시된 거야. 내가 힘들 때 이 노트를 펼쳐서 보면 어떤 무기를 사용해야 할지 바로 알 수 있겠지?

네 번째 페이지 공부 기술 표 만들기

이제 나만의 보물 지도 노트에 공부를 더 잘할 수 있도록 도

기적의 학습 멘탈 수업

와줄 '똑똑한 공부 기술'들을 기록할 시간이야. 앞에서 우리는 정말 많은 공부 기술들을 배웠지? 금쪽같은 시간 관리법, 학습한 내용을 내 것으로 만드는 이해력 마법, 기억력 높이는 기술, 아는 것을 더 확실하게 익히는 복습 방법, 그리고 시험에서 제 실력 발휘하는 요령까지! 이 모든 기술들이 바로 공부 실력을 한 단계 업그레이드해줄 멋진 '공부 옷'들이란다.

그렇지만 이 기술들이 나에게 다 맞지는 않아. 중요한 것은 다양한 기술들을 경험해보고 나에게 가장 잘 맞는 편안하고 효율적인 공부 옷을 찾아 입는 거야. 내 몸 사이즈와 스타일에 맞는 옷을 골라 입어야 활동하기 편하고 자신감이 생기잖아? 공부도 마찬가지야. 나의 성격과 특성에 맞는 공부 기술을 찾아 실행하면 공부가 좀 더 쉬워지고, 학습 성취도뿐 아니라 나의 만족도도 높아지거든. 자, 나의 공부 옷들을 노트에 예쁘게 정리해 넣는 방법을 배워볼까?

예시 공부 기술 표

학습 단계	나에게 잘 맞는 공부 기술 (이름)	왜 나에게 잘 맞을까?(나의 성격, 경험과 연결)	구체적인 실천 방법 (어떻게 적용할까?)	앞으로 시도해보고 싶은 기술
시간 관리 (공부 시작 전, 공부 중)	포모도로 기법 & To-Do List	나는 짧게 집중하는 게 잘 맞고, 해야 할 일을 눈으로 봐야 안심돼.	25분 집중과 5분 휴식 반복, 해야 할 일 목록 적고 완료 시 ○ 표시	스터디 플래너 예쁘게 꾸미기

이해 (수업 중, 책 읽을 때)	'왜?'를 질문하며 읽기 & 시각화	나는 궁금증이 많고 그림으로 보면 이해가 잘 돼.	책 읽다가 궁금한 점 바로 메모, 어려운 개념은 간단한 그림/표로 정리	친구에게 설명해주면서 이해하기
기억 (공부 후, 복습 시)	백지 복습 & 연상법	스스로 써봐야 진짜 아는지 확인되고, 재미있는 이야기로 외우는 게 기억에 오래 남아.	책 덮고 백지에 기억나는 것 다 쓰기, 어려운 단어는 재미있는 연상법 만들어서 외우기	장소법 시도해보기
복습 (공부 후, 시험 대비)	간격 복습 & 오답 노트	배운 내용을 바로 다시 봐야 안 잊어버려. 틀린 문제 다시 안 틀리는 게 중요해.	배운 날/다음 날/일주일 뒤 짧게 다시 보기, 틀린 문제는 오답 노트에 기록하고 분석	친구와 퀴즈 내면서 복습하기
시험 대비 (시험 기간)	실전처럼 연습 & 컨디션 관리	정해진 시간에 맞춰 푸는 연습이 필요해. 잠을 잘 자야 시험 날 안 떨려.	실제 시험 시간 맞춰 문제 풀기, 시험 전날 밤 11시 취침	시험 중 시간 배분 연습하기

이 표를 채워 넣으면서 다양한 공부 기술들을 다시 한 번 떠올려봐.

- 시간 관리, 이해, 기억, 복습, 시험 대비 등 각 학습 단계에서 시도해본 공부 기술은 무엇일까?
- 이 기술이 왜 나에게 잘 맞나?(나의 성격, 경험과 연결해서 생각해봐.)
- 이 기술을 구체적으로 어떻게 실천해야 할까?(나만의 방식으로!)
- 앞으로 한번 시도해보고 싶은 새로운 기술은 무엇일까?

여러 공부 기술들 중에서 나에게 가장 편안하고 효과적인 기술들을 골라 이 표에 기록해두는 거야. 그리고 각 기술들을 일상적인 공부에 적용하기 위한 구체적인 계획도 함께 적어두면 더 좋아. 이것이 바로 공부 효율을 확 높이는 핵심 비법이란다.

다섯 번째 페이지   관계 시너지 표 만들기

자, 이제 마지막으로 공부 여정에서 나에게 힘이 되어주는 소중한 사람들, 바로 가족, 친구, 선생님, 그리고 교실/학교 공동체를 노트에 표시해볼 거야. 우리는 함께할 때 엄청난 '관계의 힘'과 '멘탈 시너지'를 얻을 수 있어. 힘들 때 내 이야기를 들어주고 응원해주는 사람, 함께 웃고 고민을 나누는 친구, 지혜로운 조언을 해주시는 선생님까지! 이 모든 관계가 우리의 학습 멘탈을 단단하게 만들고 공부에 긍정적인 에너지를 불어넣어주지. 하지만 때로는 주변에 소중한 사람들이 있어도 힘들다는 말을 하기 어렵고, 누구에게 어떤 도움을 요청해야 할지 모를 수 있어. 이럴 때 나의 '든든한 지원군 목록'과 '도움 요청 방법'이 노트에 쓰여 있다면, 정말 큰 힘이 될 거야.

그럼, 나의 든든한 지원군들을 노트에 표 형태로 예쁘게 정리하는 방법을 배워볼까?

예시 관계 시너지 표

관계 대상	나의 성격과 관계 맺는 방식	관계에서 오는 어려움 (나의 그림자 연결)	관계 개선/긍정적인 소통 방법 (어떻게 할까?)	힘들 때 도움 받을 수 있는 부분	나만의 노력/다짐(이 관계를 위해 내가 할 일)
부모님	나는 규범형이라 부모님의 규칙에 신경 쓰지만, 가끔 답답해.	부모님 잔소리가 힘들고, 내 마음을 이야기하기 어려워.	부모님의 말씀 속 진심 찾기, '제 생각은 이래요'라고 차분히 이야기하기	공부 고민, 진로 고민, 정서적 지지	부모님께 먼저 감사하다고 말하기
친구	나는 이상형이라 친구 고민을 잘 들어주는데, 가끔 너무 신경 쓸 때도 있어.	친구와 오해가 생기거나, 친구 때문에 공부에 방해받을 때가 있어.	솔직하고 차분하게 내 마음 이야기하기, 나에게 긍정적인 친구와 시간 보내기	공부하다가 모르는 부분 물어보기, 마음이 힘들 때 이야기하기	친구의 작은 성공에 진심으로 축하해 주기
선생님	나는 탐구형이라 궁금증은 많은데, 선생님께 다가가기 어려워.	선생님께 질문하기 망설여지고, 피드백이 부담스러울 때가 있어.	궁금한 것 메모해두고 쉬는 시간에 질문하기, 피드백을 성장의 기회로 생각하기	공부 내용 중 모르는 부분 질문하기, 진로 문제 상담하기	선생님께 먼저 인사하고 감사의 마음 표현하기
교실/학교 공동체	나는 행동형이라 친구들과 어울리는 걸 좋아해.	가끔 교실이나 학교 분위기가 나와 맞지 않을 때가 있어.	긍정적인 말과 행동으로 분위기 좋게 만들기, 힘들 땐 학교 상담실 찾아가기	학교 상담실과 보건실 활용하기, 스터디 그룹 찾아보기	친구의 노력에 박수 쳐주기

이 표를 채워 넣으면서 나를 둘러싼 관계의 힘에 대해 다시 한 번 생각해봐.

기적의 학습 멘탈 수업

- 부모님, 친구, 선생님, 교실/학교 공동체에서 나에게 힘이 되어주는 사람들은 누구일까?
- 나의 성격이 이 관계들에 어떻게 영향을 미치고 있을까?(나는 어떤 모습일까?)
- 이 관계들에서 가끔 어떤 어려움을 겪을까?
- 각 관계에서 긍정적인 에너지를 얻거나 관계의 어려움을 해결하기 위해 어떤 방법들을 활용할 수 있을까?
- 힘들거나 도움이 필요할 때 누구에게 어떤 도움을 받을 수 있을까?
- 이 소중한 관계들을 위해 내가 노력해야 할 점은 무엇일까?

자, 어때? 든든한 나의 지원군들이 보이지? 힘들 때 이 노트를 펼치면, 나 혼자가 아니라는 사실만으로도 큰 위로와 힘을 얻을 수 있을 거야. 관계 시너지 표는 내 주변에 있는 소중한 사람들을 찾아보고, 그들과의 관계 속에서 긍정적인 멘탈 시너지를 얻을 수 있는 방법을 기록한 표야. 학습 멘탈을 지키는 든든한 방패를 만드는 비법이라 할 수 있지.

3.　나만의 보물 지도
노트를 꾸준히 업데이트하기

우리는 지금까지 나만의 보물 지도 노트의 중요한 내용들을 모두 기록했어.

- '나 자신'의 모습을 기록하고
- '공부 방해꾼 그림자'의 정체와 위치를 표시하고
- 그림자를 물리칠 나만의 '멘탈 연습' 목록을 만들고
- 나에게 딱 맞는 '공부 기술' 옷장을 채우고
- 나의 학습 여정을 함께할 '지원군' 목록을 만들었어.

그런데 말이야, 이 노트는 여기서 끝이 아니야. 우리가 사는 세상은 계속 변하고, 우리도 매일 새로운 것을 배우고 경험하면

서 성장하잖아? 내 마음도, 공부 방법도, 주변 관계도 시간이 지나면서 조금씩 달라질 수 있어. 그렇다면 나만의 보물 지도 노트도 그 변화를 따라 계속 업데이트해야 하지 않을까?

① 나는 계속 성장하고 변화하니까

나는 지금 이 순간에도 계속 배우고 경험하면서 성장하고 있어. 나의 성격에서 새로운 면을 발견하기도 하고, 마음 필터가 조금씩 달라지기도 하고, 꿈과 목표가 더 구체적으로 바뀌기도 할 거야. 이런 나의 변화하는 모습을 노트에 꾸준히 기록해봐. '나의 모습'을 기록한 첫 페이지에 변화된 내용을 추가하거나 수정하고, 새로운 페이지를 만들어서 기록해도 좋아. 성장하는 나의 모습을 기록하는 것은 학습 멘탈 여정의 아주 중요한 과정이거든.

② 새로운 그림자가 나타나거나 달라질 수 있으니까

공부를 해나가면서 예상치 못한 새로운 그림자가 나타나거나 기존의 그림자 모습이 조금 달라질 수도 있어. 새로운 그림자를 만났을 때, 또는 그림자가 변화한 것 같을 때 '마음속 그림자 표'에 그 내용을 추가해서 업데이트해줘. 새로운 그림자의 특징은 무엇인지, 언제 나타나는지 등 그림자의 최신 정보를 알고 있어야 효과적으로 대처할 수 있겠지?

③ 나에게 맞는 멘탈 연습과 공부 기술이 더 생길 수 있으니까

지속적으로 공부하고 경험을 쌓으면서 나에게 잘 맞는 새로운 멘탈 연습이나 공부 기술을 발견할 수도 있어. 기존의 방법들을 나만의 방식으로 업그레이드할 수도 있고. '멘탈 강화 연습표'나 '공부 기술 표'에 그 내용을 추가해서 업데이트해줘. 나만의 비법 목록이 점점 더 풍성해지고 강력해지는 거지.

④ 관계가 변하고 도움받는 방식이 달라질 수 있으니까

시간이 지나면서 나와 주변 사람들의 관계가 변하기도 하고 내가 필요로 하는 도움의 내용도 달라질 수 있어. '관계 시너지 표'에 관계의 변화나, 새롭게 도움받을 수 있는 사람/자원이 생겼다면 그 내용을 업데이트해줘. 도움을 요청하는 용기와 함께 최신 지원군 목록을 잘 활용해보자.

⑤ '기록 습관'을 통해 스스로를 돌아보고 성장하기

나만의 보물 지도 노트를 꾸준히 기록하고 업데이트하는 과정 자체가 아주 강력한 '자기 성찰' 연습이야. 스스로를 돌아보고, 변화를 파악하고, 어려움 속에서 무엇을 배웠는지 기록하는 습관은 내가 무엇을 잘하고 있고, 무엇이 부족하며, 앞으로 어떤 방향으로 나아가야 할지를 명확하게 알게 해줘. 마치 나침반을 보면서 내가 지금 어디에 있는지, 목적지까지 어떻게 가야 할지

기적의 학습 멘탈 수업

를 확인하는 것처럼 말이야.

주간/월간 점검 매주, 또는 매달에 한 번 시간을 정해서 나만의
보물 지도 노트를 펼쳐서 보는 거야. "이번 주/이번 달은 어땠
지? 어떤 그림자가 나를 힘들게 했지? 어떤 멘탈 강화 연습/공
부 기술이 효과 있었지? 새롭게 배운 것은 뭐지?" 하고 스스로
에게 질문하며 기록하고 내용을 보완해봐.

성장 과정 확인 시간이 지난 후에 나만의 보물 지도 노트를 처
음부터 죽 훑어봐. "와, 그때는 이런 것에 힘들어했는데 지금은
이렇게 바뀌었구나! 이런 기술은 처음에는 어려웠는데 이제는
익숙해졌구나!" 하고 나의 성장 과정을 눈으로 확인하면서 뿌듯
함과 자신감을 느낄 수 있을 거야.

나만의 보물 지도 노트를 꾸준히 관리하는 것은 곧 나 자신의
삶을 주도적으로 이끌어가는 연습이기도 해. 이 노트를 꾸준히
활용해서 앞으로 어떤 공부 여정에서도 길을 잃지 않고 용기를
내어 씩씩하게 나아가자.

4. 길고 고된 공부 여정에서 힘들 때면 언제든 펼쳐봐!

자, 친구야! 드디어 이 책의 마지막 이야기에 도착했어. 여기까지 함께 와줘서 진심으로 고맙고, 또 큰 박수를 보내주고 싶어!

우리는 이 책을 통해 수시로 흔들리는 학습 멘탈을 지키고 스스로 성장시키기 위한 많은 보물들을 찾아냈어. 그리고 그 보물들을 한곳에 모아 '나만의 보물 지도 노트'라는 멋진 결과물로 만들어냈어. 이 노트를 꾸준히 업데이트하며 나의 성장을 기록하는 습관의 중요성도 배웠어. 이 노트는 길고 고된 학습 여정에서 길을 잃거나 어려움에 부딪혔을 때, 마음이 힘들 때, 그리고 나아갈 방향을 찾고 싶을 때 언제든지 꺼내 볼 수 있는 나만의 소중한 지도가 되어줄 거야.

기적의 학습 멘탈 수업

그런데 친구야, 현쌤이 친구들에게 꼭 전하고 싶은 가장 중요한 메시지가 있어. 스스로 찾아내고 기록한 나만의 보물 지도 노트도 정말 소중하지만, 가장 소중하고 가장 빛나는 보물은 바로 이 모든 여정을 거치며 한 뼘 더 성장하고, 스스로를 이해하고, 마음을 돌보고, 배우고 노력하는 방법을 익힌 '너 자신'이라는 사실이야. 너는 이미 네 안에 무한한 잠재력을 가지고 있고, 어떤 어려움도 이겨낼 힘이 있는 놀라운 존재란다. 현쌤은 네 안에 숨겨진 그 빛나는 마음, 즉 너의 학습 멘탈을 지키고 키우는 방법을 스스로 알아차리도록 도와준 것뿐이란다.

기억하렴! 단단한 학습 멘탈은 특별한 사람만 가질 수 있는 것이 아니라, 누구나 스스로의 노력과 관심으로 얼마든지 키울 수 있는 마음의 힘이야. 그리고 이제는 그 힘을 키우는 방법과 자신만의 보물 지도 노트까지 생겼어. 이 보물 지도 노트를 손에 들고 앞으로의 공부 여정을 씩씩하게 나아가렴. 분명 예상치 못한 그림자를 만나기도 하고, 길을 잃거나 넘어지는 순간도 있을 거야. 하지만 그때마다 이 노트를 펼쳐서 보고, 네 안에 있는 단단한 힘과 든든한 지원군들을 떠올린다면 어떤 어려움도 이겨낼 수 있을 거야.

너는 이미 멋진
학습 멘탈 그 자체야!

자, 친구야! 지금까지 우리는 공부 엔진에 불을 지피는 단단한 학습 멘탈을 찾고, 공부 기술을 익히고, 소중한 사람들과 함께 성장하는 여행을 했어. 정말 소중하고 의미 깊은 여행이었지? 우리는 함께 웃고 고민하고 배우고 성장했어. 때로는 마음속 그림자 때문에 힘들기도 했지만 나에게 맞는 공부 방법을 찾기 위해 노력했어. 또 때로는 주변 사람들과 부딪히면서 아픔을 느끼기도 했지. 하지만 그 모든 순간들이 바로 스스로를 더 단단하고 아름답게 만드는 소중한 과정이었단다.

친구야, 이 책의 제목이 뭔지 기억나니? 《기적의 학습 멘탈 수업》이야. 나는 이 책을 통해 학습 멘탈이 얼마나 소중하고 강력한 힘을 가지고 있는지 이야기해주고 싶었어. 이 책에서 배운 모든 것은 정답이 아니라 방법이야. 네 안에 숨겨진 단단한 마음의 힘을 발견하고, 그 힘을 지키고, 그 힘을 활용해서 꿈을 향해 나아갈 수 있는 방법을 배운 거지. 그리고 이 모든 여정에서 가장 크게 성장하고 가장 단단해진 것은 다른 누구도 아닌 '너 자신'이란다.

친구야, 앞으로 공부를 하면서 힘든 순간이 찾아올 수도 있어. 마음속 그림자들이 다시 찾아와 속삭일 수도 있고, 예상치 못한 실패에 넘어지거나 주변 관계 때문에 마음이 어려워질 수도 있어. 괜찮아! 그럴 때마다 이 책을 펼쳐보렴. 이 책 속에는 네가 어떤 사람인지, 어떤 그림자를 만났을 때 어떻게 대응해야 하는지, 또 어떤 공부 기술이 너에게 잘 맞는지, 힘들 때 누구에게 도움을 청해야 하는지에 대한 비법들이 담겨 있을 거야.

마지막으로, 한 가지만 기억해줘. '너는 혼자가 아니야!' 너를 응원하는 가족, 친구, 선생님들이 있고, 힘들 때 도움을 받을 수 있는 다양한 학교, 사회 자원들이 있어. 그리고 무엇보다 네 안에는 어떤 어려움도 이겨낼 수 있는 단단한 마음이 자리 잡고 있어. 네 안의 단단한 마음의 힘을 믿고 씩씩하게 나아가렴. 너는 멋진 학습 멘탈, 그 자체니까!

글/ 현용찬

학습 멘탈 전문가로서 청소년들의 학습 동기와 심리적 어려움에 주목하며, 잠재력을 깨우는 활동을 이어왔다. "공부가 힘들다"는 학생들의 목소리에 귀 기울이며, 학습 멘탈의 중요성을 알리고 내면의 힘을 일깨우는 데 앞장서고 있다. 2014년부터 연우심리연구소 지부장을 맡아 학습 상담 전문가를 양성하고, 교사·학부모 연수, 학습 능력 향상 프로그램을 운영하며 현장을 지원했다. 2017년부터는 제주대학교에서, 2025년부터는 남서울대학교에서 강의하며 교육 전문가를 양성하고 있다. 2024년에는 평택에 학습멘탈연구소를 설립해 연구와 도서 발간에 힘쓰고 있으며, 교사·학부모 연수와 학생 특강 등 다양한 교육 활동을 지속하고 있다. 주요 연구 성과로는 《텍스트마이닝을 이용한 청소년의 학습상담 호소문제 분석》, 《학사경고 대학생의 학습행동 유형 탐색》, 《그릿에 관한 국내 연구동향》 등이 있다.

기획/ 정동완

진로진학 상담교사이자 교육 전문가 단체 '오늘과 내일의 학교' 회장이다. 교육 특강 및 캠프 운영을 2000회 이상 진행한 인기 강사이기도 하다. 2017~2018년에 EBS 파견 교사, 진로진학 대표 강사를 역임했다. '나만 알고 싶은' 시리즈, '마이 베스트' 시리즈를 비롯하여 책 142권을 기획 출간했다. 교원 원격연수 〈자존감 수업〉, 〈강의의 품격〉, 〈과제 탐구 마스터〉 등의 기획, 제작에 참여했다. 현재 '스터디케어' 공공관리형 솔루션을 개발 중이다.

기적의 학습 멘탈 수업

10대의 공부 엔진에 불을 지피는
단단한 학습 멘탈 만들기

초판 1쇄 발행 2025년 11월 28일

지음 현용찬 **| 기획** 정동완
발행인 이윤희 **| 디자인** 어수미 **| 인쇄·제본** 357 제작소
발행처 빅퀘스천 **| 출판등록** 제2024-000193호
주소지 서울특별시 마포구 월드컵북로 400, 5층 11호
전화 02-6956-4929 **팩스** 02-6919-1379

ISBN 979-11-989761-6-1 03370
ⓒ 현용찬, 정동완